親情急診室：

別讓你的孩子成為陌生人。

Don't Let Your Kids Become Strangers

國家圖書館出版品預行編目資料

親情急診室：別讓你的孩子成為陌生人 / 葉瑞珠著.
-- 初版. -- 新北市 : 雅典文化, 民103.01
面 ; 公分. -- (現代親子系列 ; 24)
ISBN 978-986-5753-01-6(平裝)
1. 親職教育 2. 親子關係
528.2 102023356

現代親子系列 24

親情急診室：別讓你的孩子成為陌生人

作　　者／葉瑞珠
責　　編／林美玲
美術編輯／林于婷

法律顧問：方圓法律事務所／涂成樞律師

總經銷：永續圖書有限公司
永續圖書線上購物網
www.foreverbooks.com.tw

CVS代理／美璟文化有限公司
TEL：（02）2723-9968
FAX：（02）2723-9668

出版日／2014年1月

雅典文化

出版社
22103 新北市汐止區大同路三段194號9樓之1
TEL （02）8647-3663
FAX （02）8647-3660

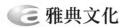

序言

寫這本書時兩個孩子都正準備考試，所以這次不是與孩子合作。

高爾基說：「誰最愛孩子，孩子就愛他，只有愛孩子的人，他才可以教育孩子。」

對身爲父母的人來說，有誰會比他們更愛自己的孩子呢？

然而孩子與父母的關係，會隨著年紀的增長，漸漸形成一條橫溝，這條隱形的橫溝，會隨著父母的不注意而變深變寬。因此，常會在不知不覺中，發現孩子與父母的關係，不是最親、最愛、最熟悉的家人，而是陌生的室友。

親子間關係，是靠彼此的互動來聯繫，身爲父母自然的會憂心，親情之間的關係，是否如過去那般堅固？還是慢慢在鬆動而自己不自知？

與孩子距離的長短，是父母給予的，要讓孩子離你遠遠的很容易，只要不管、不教、不養，孩子很快就會從你身邊離去；當然，要讓孩子黏在你身旁，也是只要愛他、教他、養他，孩子才會在你身旁。

孩子成長過程，最大的模仿對象就是自己的父母，所以父母的一言一行都關係著孩子將來品行、行爲，父母的價值觀也牽動孩子的人生價值，因此身爲父母，如何拿捏自己的言行舉止，是一個重要課題。

所以父母必須先行遵守規範，有了規範之後，才能引領孩子的方向，如果自己的方向錯，它就會讓孩子也跟著錯。

《小王子》書中有一段故事：

國王要封小王子做司法大臣，小王子告訴國王，並沒有任何一個人可以審判時，國王說：「那就審判你自己吧，這是很困難的，因爲審判自己比審判別人更難，假如你能審判自己，你就是真有相當的智慧了。」

身爲父母的常認爲自己最大，因此很少會去審判自己，所以常會隨著自己的自我意識在教養孩子，孩子的規範有時就是在這錯誤中學習的。

人是屬於社群動物，有一套規範約束著這個社會，才能使得這社會不會出軌，如果是錯誤的規範，自然不容於這個社會，那孩子自然不被這個團體接受。

我們常用期待的心，對待孩子，也用理想來賦予孩子使命，因此孩子在出生後，就背著一堆理想抱負而活，我們很少會去關照他的背包重不重，而是關心背包的東西有沒有準備夠。

所以孩子越大，他發現背不動時，就只好選擇逃避，逃避的越遠，心就離父母越遠，因此要如何把心抓回，則是父母與孩子維持近距離的關鍵。

國王對小王子說：「假如我命令一位將軍像蝴蝶一樣，從這朵花飛到那朵花，或者命令他寫一齣悲劇，或者變一隻海鳥，假如這位將軍不執行命令，是他錯還是我錯？」

「那是你錯了。」小王子肯定的說。

國王對部下的要求，是要在合情合理的範圍，父母對孩子的要求也是。

小樹苗會漸漸長大，長大後的小樹苗是正是歪，端看父母如何塑造了。

目錄

目錄

01

你是**吃人頭路**的上班族嗎？

跟女兒交代好事情後，以爲女兒會跟我說再見，沒想到我在門口等了一會兒，遲遲沒有聽到女兒的聲音。於是我又轉身進屋裏，想問女兒爲什麼沒有說，到了她房裡，看到她帶著耳機，不知陶醉在哪個音樂，或是哪個動漫情節裏，完全沒有在意我要走了。我只好走到她旁邊，問她爲什麼沒有跟我說再見。女兒拿掉耳機，回頭看我一眼說她忘了，然後給我一個鬼臉。

女兒長大後，有了自己興趣，常會不自覺陶醉在她自己的生活裡，這一陶醉就常忘了別人的存在。

看著她的鬼臉，我笑笑無奈的走了。想到前不久女兒知道我要出去，都會在出門前跟我道別，現在連這個動作都省了，讓我不得不再次更真實的面對孩子長大的事實。

以前孩子還小時，已婚的同事曾跟我說，要跟孩子多互動，免得孩子長大了，想要互動都互動不起來。聽到這話時總覺得是老生常談，然而隨著孩子漸漸長大，這話現在不斷的在印證。

這種感覺讓我想到一個朋友說的，那是一種漸漸脫離，在自己面前慢慢發生，好像在看蟬脫殼，一脫殼後就是不一樣的人生。

我不知道孩子脫殼後會有那些不一樣的人生，但我很確信在生命中我的位置會被悄悄的移一下，它的重要性或許依舊，或許已漸被人取代，但不管是一樣的重要，或者是稍有改變，這都是他的人生方向。

在工作告一段落後，打電話給一個同事，我把我「位置被移動」的事跟她說，我說女兒真的長大了，同事聽完笑說，別「身在福中不知福」。我說位置明顯被擺在後面還能叫什麼「福」，朋友笑說起碼她還會回頭對妳做一下鬼臉，她女兒是連看都沒有的。

我說她女兒可能在忙所以沒注意到，朋友說，「是哦！在忙，妳知道她忙什麼嗎？忙著上網跟人家ＦＢ，ＦＢ是「出手」，說再見是「出嘴」，這是兩個不同的部門，不同的器官，大腦應該可以同時指揮進行的，現在她的大腦只願指揮一個，妳說妳幸福不幸福。」

聽同事這樣講，我不好意思說不幸福了，我說我大概習慣出門前聽到她的聲音，同事說我被女兒「寵壞」了。我愣了一下，對同事說：「拜託哦，這怎麼可以說是『寵壞』？」同事說難道不是嗎？她說妳知道有多少孩子，對父母出門是不理不睬的嗎？

被她這麼一說，突然覺得自己幸福起來，也突然感受到一種溫暖感，依同事這樣說，我已經是「比上不足，比下有餘」了。

同事說現在很多孩子跟父母住在一起，但關係卻如「室友」，她說她也快跟女兒變室友了。

我笑說怎麼可能，同時腦中出現她女兒燦爛的笑容，同事說是「尙未」，但也「差不多」。

同事嘆了一口氣說，「有時真的不知是事業重要還是親情重要？大家都會說親情是用金錢買不到的，事業有時也是金錢買不到的，小孩會長大，當孩子長大後，誰有認真想到過父母的心情與處境？

我們都說這是必經的過程，它確實是必經的過程，我兩者都不想放棄，而不放棄的結果，就是沒辦法平衡，我只是對工作貪心一點，想發揮自己的剩餘價值。就因爲這樣，我跟女兒見面的機會變少了，人與人關係一旦失去長久的相處就變質了。她現在正好是青春期，人家說青春無敵，這無敵讓我跟她的代溝越來越深。

父母都希望孩子念好學校，但孩子就是不懂父母的心，父母每天拼死拼活的賺錢，不就是爲了讓孩子過好日子，小孩子不瞭解父母的辛苦就算了，還跟父母搞自閉，鬧脾氣，真的是白養了。」

同事的話，勾起我一些回憶，先前爲方便照顧幼小的孩子，我把工作從內勤轉換成外勤，想說這樣比較有時間顧及到孩子，但人算不如天算，我沒有因此多出時間，反而是付出更多，常常工作晚歸，小孩不只變成「老外」，一天三餐在外吃，自己也因疲憊，回到家就癱倒在椅子上，根本無力顧到他們。

孩子則相反，他們像找到新天地一樣，處在「無政府狀態」下的自由奔放，自己眼看著孩子在自由放任下，過去所教的禮儀規範，像鬆了螺絲的機器，漸漸轉動不起來。

後來痛定思痛後，再度轉換跑道，才把這鬆動的螺絲一一鎖緊。這是一個慘痛的經驗，我告訴同事「魚與熊掌很難兼得」，同事說她知道，就因爲知道，所以她希望在兩害相權取其輕，選擇一個影響最輕的。

同事的希望讓我想到以前的一個客戶，這個客戶爲能兩相兼顧，便把孩子送去住校，想說學校管得嚴，對工作忙碌的她來說，無疑是分攤了她一半的工作，那曉得女兒住校一年下來，變得不理家人，甚至假日有時寧願留在學校也不想回家。

客戶擔心的去學校了解一下，學校說一切作息正常，同學相處也沒問題，然而學校所謂的沒問題，對她來說卻是有問題。

在一次閒聊中我告訴她，之前有一個朋友的小孩也類似如此，朋友爲了兒子將來能上好的高中，也把孩子送去住校，但他的小孩想念家裏附近的學校，朋友認爲私校管理嚴，競爭強，將來考高中比較有機會進好學校，所以堅持要孩子去念。

那孩子反應無效，就開始抵制，起先動作不大，後來慢慢的開始翹課，甚至跟同學打架。朋友第一次收到學校通知時，差點被氣死，因爲他的孩子以前是從來不會這樣的。去學校了解，學校只說會再嚴加管理。小孩回家後，兩人因此常吵架，意見也常不合，搞的朋友一個頭兩個大。

朋友的太太本來就是站在孩子這一邊，她知道孩子變壞一定有原因，所以私下跟孩子溝通，才慢慢了解原因，知道小孩子的想法。於是她跟先生溝通希望孩子轉校，先生起先不肯，太太說難道你要看自己的孩子變壞嗎?朋友考慮後，最後尊重孩子跟妻子的決定，二年級時讓孩子轉回住家附近的學校，後來孩子反而考上了不錯的高中。

我告訴客戶，可能孩子不想離家太遠，客戶沒說話。幾個月後，我在客戶辦公室看到一個年輕的小正妹，跟客戶有說有笑，客戶對我說，還好她沒有堅持自己的想法，否則現在躲在暗處哭泣的有兩個人。

我看著客戶母女的對話，想到女兒有一次對我說過的話，那是她要上國中時，同樣的爲了選學校，女兒因爲沒有考上資優班，有人建議我讓她讀某所國中，女兒知道後堅決反對，她說我爲什麼要去這麼遠的地方唸書，這裏有我熟悉的朋友，熟悉的環境，舒適的家，幹嘛要我放棄而去一個陌生不熟悉的環境。

後來，我們依女兒的意願，就近在附近的學校讀書，這三年下來，我看我女兒每天跟四、五個同學結伴回家，因爲我們家最近，她們這一掛的同學，都會先陪女兒回家，然後再各自回家，有時她們在樓下嬉鬧，我在樓上就聽到聲音從下面傳上來，聽到她們嬉鬧快樂的笑聲，這笑聲讓我慶幸沒有讓女兒遠赴異地求學，也讓我羨慕起她可以跟同學一道回家。

跟同學一塊回家，對遠赴異地求學的人來說，那是一種奢求。我是遠赴異地求學經驗豐富的人，除了小學是在自己學區就讀外，其餘階段都是在異地，所以看到女兒可以跟同學相偕回家，真是羨慕到不行。

自己國中時最大的夢想，就是像女兒這樣，但那是不可能做到的夢了，因此，那時就常幻想，自己騎著腳踏車跟同學一道下課，到我家時，我們可以停下來聊天，然後我再目送她們回去。

客戶說看到孩子痛苦，自己也痛苦，這種感覺我可以理解，客戶後來對我說，並不是每個小孩都可以住校，我笑笑點頭。

放下電話後，心中慶幸跟孩子還沒有產生距離，彼此還成不了「室友」，但隨著孩子長大了，他們總會以自己的事情爲優先考量，那彼此的間距就會出來了，以前一位長輩說那是「自然」產生的，是避免不了。

我想著這避免不了的事，心裡突然對同事感嘆起來，事業與親情熟輕熟重？

而面對這兩項的選擇，父母的優先考量是什麼？

記得朋友的太太曾經說過，如果孩子因爲這樣變壞了，那是我一輩子的痛，所以寧願孩子平淡過一生，最起碼還擁有自己的孩子。

孩子與父母的關係，雖是切割不斷的血緣，但他還是可以因彼此理念不合，而變成兩條平行線，我想到以前兒子要上國中時，曾問同事有關孩子住校的問題，她說如果爲孩子前途著想，會要求孩子去。

同事反問我，我說自己有異地求學的經驗，這經驗讓我失去很多同伴，想到過去總是孤零零的自己回家，我說我有點不捨。

記得有一次參加一個聚會，有一個媽媽分享她的經驗，她在最後說，

「或許一個父母『長期規劃』的政策，讓孩子必須沒理由被迫選擇，而父母爲孩子做得長期政策非常多，但這些所謂的『長期規劃』是父母的『長期規劃』並非孩子的『長期規劃』，所以往往因爲彼此的需求不同，就把彼此的關係也推遠了，前途不是父母訂的，是孩子自己去創造的。」

想到長輩說的疏離是「自然」，不過長輩提醒，疏離的距離是父母自己決定的，所以要讓孩子當「家人」，還是當「室友」，是在父母的一念之間。

02 你是忙碌的生意人？

前些時候在市場碰到一個搬離開的老鄰居，她看到我就問孩子多大了，我說都上高中了。她驚訝的說時間怎麼過得這麼快，一轉眼孩子就長大了。我反問她的孩子，她說已經上大學，我回笑說這才叫時間過得快，記得剛搬來時，她的孩子才上幼稚園，現在竟然已經是大學生了。

跟鄰居聊著聊著，忽然她問我，以前住在斜對面的鄰居還記得嗎？我遲疑了一下，鄰居說就是那個去網咖玩的小孩，我被她這提醒馬上想起來，她說那小孩快大學畢業了。

鄰居說前一陣子去喝喜酒，碰到小孩的父親，後來在聊天時聊到孩子，這父親說當時還好聽了老師的話，幫兒子換學校，否則今天他兒子可能去吃「免錢飯」了。

這個小男孩，應該說是大人了，是我剛搬進來時的鄰居。

剛搬來這裡時，常看到這個小孩，背著書包在外面晃蕩。起先以爲是他忘記帶鑰匙，所以有一次居於鄰居的立場，就主動上前關懷，問他是不是忘記帶鑰匙。那小男孩看我一下，沉默幾秒鐘，然後搖搖頭，隨即轉身離去，我以爲他要回家，就目送他離去，那小男走到巷口時，停下來回頭看了一下，發現我還在原地，他沒往回家的方向，反而朝反方向走。

有一回碰到另一個鄰居，我在閒聊時故意提到這件事，鄰居聽了嘆一口氣，「這孩子也可憐，家裡沒人在，所以常常在外面遊蕩到很晚才回家。」

我因爲是新住戶，所以對這小孩家的情況不是很了解，不由自主地打探起來。鄰居說孩子的父母在鄰近鄉鎮做小生意，每天一大早出門，回到家又是三更半夜，孩子整天看不到家人，沒變壞就不錯了。

聽鄰居這樣說，我很同情那小男孩，因此在路上若碰到他，就會主動過去跟他攀談，小男孩剛開始會跟我講幾句話，後來看到我就遠遠轉身。之後，我們就很少碰到面，有好幾次我故意出現在他下課後會現身的地方，但都沒看到他，那時以爲他累了回家了，心裡還爲他高興。

有一天深夜，巷子內突然傳出很大的聲響，我被嚇到，連忙到陽台去察看，發現那小孩家客廳非常明亮，聲音也從那裏傳出來，而小男孩的父親正氣極敗壞的大罵。

在責罵聲中，隱約聽到父親指責孩子不好好唸書跑去網咖混，然後這父親又沉痛的說，自己辛苦賺錢，不就是爲了給他唸書，如果他不想唸書，就跟他去賣東西。

就這樣軟硬兼施的罵了三十分鐘左右，這期間許多鄰居都出來探個究竟，知道是那家傳出來的，又紛紛關起燈。

幾天後的一個早上，我去買菜碰到鄰居，我問她那天到底發生了什麼事情？

鄰居說，還不是去網咖交到壞朋友，晚上不回家，被他爸爸抓回去。

鄰居這一說，想到前段日子我們這邊開了一家網咖，我心裡突然明白了，原來我最近沒看到小男孩，是因爲他跑去網咖了。

鄰居說著說著氣憤起來，「真的很夭壽，竟然有人開了這種店，那些人自己顧賺錢，不在乎別人的死活。」

鄰居的氣憤我可以理解，說實在我也很不喜歡，我們這小地方，沒有其他娛樂設施，但我很喜歡這樣的單純，現在被它破壞了。

跟鄰居道別後，我特地繞過去網咖看看，假裝在等人，眼睛卻不時瞄向裡頭，我從微開的門看到裡面燈光昏暗，零零星星坐了一些人，而門裡不時會飄出陣陣的菸味，這種感覺，讓人想對網咖有好感還真的很難。

隔了一段時間後，鄰居告訴我，小男孩的父親聽從老師的建議，把小男孩轉到他做生意地點附近的學校。

這一搬離已有十幾年了，若不是鄰居提醒，我還當真忘記了這件事，現在被鄰居喚醒，我腦子不禁出現印象中的小男孩，小男孩的影像讓我想到自己孩子，當初我也曾無暇顧及過孩子。

那時自己為了體驗不同的人生，決定從夥計變成老闆。

老一輩的人說：「生意仔歹生」，在沒當老闆前，對這句話不是很認同，總認為自己過去有業務及公關經驗，應該沒問題，當了老闆之後，才知道先人說的話是有智慧的。

我自恃過去的經驗，以為應該可以應付，但實際進入才知道，當老闆比當夥計還要累。

我是新手老闆，對一切充滿理想，所以不只每天要一大早起來，還要裡外監督，特別是自己過去有業務及公關經驗，對服務的態度很重視，也因此希望其他人跟自己一樣，但我忽略到別人沒有這樣的經驗，因此我在繁重的工作下，又加了一項提醒別人，這是不討好的任務，尤其是當無法有共識時，就會發生問題。

這對新手老闆來說，是一件很難承受的壓力，但爲讓生意變好，當別人無法做好時，就自己下去做。這一做，自己變得更累了，常恨不得自己是八爪章魚。只是人再怎麼能幹，也只有兩隻手，所以每天把自己累得像一隻狗一樣。因爲累，第二天有時還爬不起來，兒子那時剛上小一，常因這樣上學遲到。

女兒沒上學，原來寄放在親戚家，後來跟兒子一起接了過來，每天忙時就讓她隨便玩，隨便吃。

兩個小孩雖在自己眼前，但因爲自己忙與壓力，根本無心關照。這種日子持續了一段時間，孩子變成熟了，但同時也世故起來，看著眼前的孩子因爲父母親工作關係，失去原來的單純，卻學會自我生存的方法，心中非常不捨。

後來實在是因爲自己身心俱疲，只好結束了這個老闆夢，讓自己與孩子重新回歸到簡單、單純的環境。

孩子現在長大了，女兒還不時說她最懷念的時光是那段時間，每天有吃不完的排骨，喝不完的飲料，又不用上課……現在，再也找不回這美好時光。

我不知道當初若是堅持下去，對孩子會形成怎麼樣的人格？或許比一般孩子世故，或許變得很叛逆，或許根本是家長的頭疼分子！不管變成什麼樣，我很肯定絕對不是現在這樣的單純。

鄰居的小男孩，如果父親堅持不轉學，那會變成什麼樣子？

以先前的狀況看來，似乎只有更壞，當然那只是一般世俗的判斷，但以許多青少年誤入歧途的模式來看，這就是警訊。

對一個父母親來說，孩子一旦走錯了一步，要走回來必須花很多時間，而且父母也要陪他一塊走，否則孩子中途常會發生狀況，這狀況若沒有注意，那就會一失足成千古恨。

做生意的人忙與不忙都煩惱，忙會有應付不完的客人，不忙則是擔心生意做不下去，這兩者雖擔心不同，但都是必須付出時間去經營，一旦付出時間，很多事情就無法面面俱到。

這無法照顧下，無形中就與孩子距離越拉越遠。以前做業務時，碰到很多客戶，他們因爲要做生意，孩子不是交給菲傭照顧，就是交給長輩，或者是送安親班。

自己帶的，常看到那些孩子在吵雜昏暗的營業廳寫功課，孩子也因此練就一身不怕吵的功夫，我兒子曾經有這樣的經驗，所以看別人的孩子也這樣時，會非常不忍。

每一個父母都希望給孩子安靜舒適的空間，但做生意的父母，卻是非常難，畢竟前頭有生意要做，這生意攸關一家的生計，是何等重要，所以最後往往就把小孩的需求放在後面了，這是非常無奈的。

孩子與父母的關係，不是只有吃與住，必須再加上關懷，但父母親常在工作與小孩中拉鋸。多給了孩子，生意就少做；多給生意，孩子照顧就變少。

如何拿捏，才不會失去平衡？但不管如何分配，孩子是非常現實的跟你回報，關心的多，孩子問題就變少；關心的少，孩子問題就變多，所以孩子問題的多少，就在於你關注的多少，父母親必須用做生意的態度，去衡量這關係了。

03

你是麻將桌上的座上賓？

剛搬來這裡時，常去一個熟悉的朋友家，由於朋友好客，所以不時會有一些人來造訪，我也因此認識不少人。

有一回，一位媽媽背著小女孩到朋友家，那小女孩才兩、三歲非常可愛，跟我們玩了一段時間後，小女孩累了鬧脾氣，她母親就哄她睡覺，睡著後，這母親就把女兒放在朋友的床上，然後跟朋友交代幾句話，轉身就離去。

我目送她出門，以爲她有事去辦，朋友等那母親離開一陣子後說，她去附近打牌，大概要好幾小時。我聽了非常驚訝，朋友說她常常這樣，她老公不喜歡她打麻將，她就用孩子當擋箭牌，說要到我這裡，其實是藉口。我說那孩子醒了怎麼辦？朋友說這小孩很乖，稍微哄一下就好。我笑朋友心腸好，免費當人家的保母。朋友說，反正自己也沒出門，有小孩子作伴也好。後來我有事先走，不知那母親幾點回來。

再次看到她是在一星期後，同樣的模式。沒多久她就離開，我陪朋友聊了好幾小時，那母親還沒回來，於是我就先回去。

後來隔了一段時間後，又是在朋友家看到她，她依舊是把孩子寄放在這裡，人就走了。朋友有事叫我暫時看顧小孩，朋友出去一會兒，很快就回來，我們如往常一樣聊天看電影。

正當我們在享受午後的清閒，電話聲打斷我們的寧靜，是那位母親打電話來求救，說她們賭博的地方被人檢舉，她現在人在警察局，請朋友去保她出來。那位母親怕被先生發現，回來之後求我們不要說出去，然後背著孩子悻悻然地回去。

之後她進出警察局好幾次，也有好長一段時間沒去朋友家，朋友家跟往常一樣進進出出一些人，大家也不再提她了。

有一天我去街上買東西，突然聽到背後有人在叫我，我回頭一看，是那個幾乎被大家遺忘的人。她說她今天剛好過來這裡，我聽到過來這裡，就問她現在不住這邊嗎？那位媽媽說早已搬走了，我笑說難怪這麼久沒看到，她說不搬走還能繼續住嗎？我疑惑的看她，她說她已經跟先生離婚了。

我露出訝異的表情，她則很淡定，淡淡的說，他們家族受不了她好賭，因此叫老公跟她離婚。我問小孩歸誰？她說當然是歸父親，自己沒有能力養，今天就是過來看小孩的。

我說小孩現在應該唸書了吧，她說上小學了，我說好幾年沒見面了小孩都長大了。她說女兒長高很多，但不太跟她說話，我安慰她說很多孩子都是這樣的。她看我一眼，然後聲音哽咽起來，「我已經好幾年沒看到她了」。

我又是驚訝地看著她，她說她一時貪念拿了人家東西，付出了一些「代價」。她隱含性的用詞，我沒再多問，我又安慰她說現在重新再來，她笑一笑說，她現在真的戒賭了。

我聽她這一講，高興地拍拍她肩膀，一時之間不知該說什麼話，停了幾秒，我問她現在有工作嗎？她說在工廠上班，我們就這樣聊了一下，直到她說要趕回去，我們才結束對話。

看著她的車子走遠，我想到她女兒，想到她爽朗的笑聲，這些記憶好像是昨天一般。讓我想到小時候過年過節，警察在過年過節時，常網開一面「裝聾作啞」，聽不到任何人的檢舉，所以這段時間是賭博的「旺季」，也是鄉下人唯一的「餘興節目」，我們就會有一些人在家開起賭場來，這賭場從過年到元宵，沒日沒夜，二十四小時提供服務。

父親有時會去小試身手，他這一去常一待就是一個早上或是一個下午，因此每到吃飯時間，我的任務就是去叫父親回來，因爲設賭場的親戚不少，我必須先「打探」一下，才知道父親今天去哪裡「紓解」。

每次去叫父親回來，總會在裡面看到一些親戚或者外地來的人，在那裡殺紅了眼，就是脾氣變暴躁，因此在裡面常聽到對罵的聲音，雖然是對罵，但時間不長，一旦這一局結束，下一局開始，爭吵聲就沒了，這是因爲怕爭吵影響到賭局的進行，旁邊的人會制止。

有一年接近元宵的時候，我如往常的「工作」，叫父親回來吃飯，我一腳踏進親戚家，就聽到女性的哭泣聲及叫罵聲，這聲音非常高亢及憤怒，所以我有些害怕，但因爲「職責」所在，我還是要硬著頭皮繼續往前走，這中間我斷斷續續聽出她責罵的內容，原來她先生已經在這待了快半個月，除了小孩看不到父親外，家裡的錢也被他拿走了，現在已經快沒飯吃。

那婦人不斷的責罵先生，也詛咒親戚開設賭場，她的聲音讓旁人聽了又心酸又厭煩，因此就被一些人請出去，那婦人剛開始不肯走，最後被拖了出去，我看到她的先生面無表情，雙眼充滿血絲，繼續埋頭「奮戰」。

再次看到那婦人是幾天後，我同樣是來請父親回去吃飯的。這次她帶了孩子過來想用親情呼喊，但她先生仍然無動於衷，她這次沒吵沒鬧，大約待了十分鐘就走了，我看到她臉上面無表情，抿著嘴巴出去。

當「賭季」過去後，父親就沒有再去「紓壓」，我自然不需要再去。有一天到雜貨店去買東西，看到那位先生在樹下乘涼，我偷偷問老闆娘說他怎麼在這裡，老闆娘說老婆跑了，他沒地方去。

出來後，我看了一下這位先生，想到他太太求他回家的那一幕，我當時暗罵這是他的報應，認爲他罪有應得，

這報應受到傷害的不是只有他一個人，還有他的家人，而我自己則是無形受到影響，至今我對賭很痛恨。

那位媽媽帶著傷痛的心離開從小帶大的女兒，那位父親在我上大學前，仍不知道太太在哪裡，孩子自然更別想知道了，人說親情的力量很

大，但到底是否真的很大？卻從來沒有人敢保證。

跟那位媽媽分手後，我打電話跟朋友說這件事，朋友說她很早就知道，因爲那媽媽離婚後，她的先生來找過她。

我很驚訝朋友對此事保密這麼久，朋友說自己也有錯，她不該亂用好心腸，以致讓一個美滿的家庭破裂，她也自責很久。

照朋友的說法，我也是幫兇，我說我們「不殺伯仁，伯仁因我而死」，因此也不禁自責起來。

在自責過後，我想到我們並不是沒有勸戒她，當初我們苦口婆心說了不知多少次，只是她一直告訴我們她自己會有分寸，有一次她被我們說的很煩，就對我們說，她不會糊塗的拿自己幸福開玩笑，現在想想，這真的是很諷刺。

常說賭博就像吸大麻一樣，一旦沾上了，就很難脫身，但我們常常以爲自己很有自制力，殊不知那只是對賭不熟悉時的說詞，一旦熟悉後就不一樣了。

喝醉酒的人從來不說自己醉了，賭癮上身的人，也是說自己沒有上癮，而我們卻天真的相信一個「賭癮」人的話。

常說凡走過必留下痕跡，回想過往，我們曾留下來的腳步，有那些是拓印很深的，有那些又是輕輕點到的？然而不管是深與淺，它多少都有影響性？

人是一個好賭的動物，一輩子都在為自己的人生做賭注，有一個「大樹定律」，就是【是】與【否】的選擇，選擇【是】會一直走下去，選擇【否】則就此結束，當不斷選擇【是】後，就可以擴大到像一棵大樹。

選擇【是】雖可以繼續走下去，但前途是如何，沒有人知道，所以我們的人生就是在未知上面不斷的賭注，這種選項選對了，是自己的福氣；選錯了，如果沒有及時煞車，那就是誤自己一生了。

父親把「賭」當作紓解，像睡前淺酌一樣，因此在過年過節來個小抒放，因爲是抒壓所以他沒有上癮，但能像父親一樣看待「賭」的有多少？最近政府在制訂博弈條款，條款裡有很多是國外人的經驗，我們拿來做參考，這些適不適合我們的國情，大家都心知肚明。

但不管它的合宜性，上位者總要有一些法規出來，因此未來制定出來的條款，其影響性有多少，只有待我們大家提升自己的判斷力及定力，才能把有傷害性那一面的影響面減到最少。

04 你是**嚴肅型**的父母？

有一次帶小孩去參加圍棋比賽，在我位置附近有一位參賽小朋友，每次跟他父親說話時都是畢恭畢敬，有點像電視上演的富家公子，從小受到嚴格的管教，講話中規中矩很有家教。

這小孩每次比賽完，不像其他小孩到處跑或者黏著父母甚至跟父母發點小脾氣，他總是靜靜坐在那，有時兩眼往前看，有時眼睛往四周瞄，這中間如果父親不跟他說話，他就沒有開口。

看著他安靜坐在父親旁邊，心裡不時在想他的父母是如何教的，怎麼能把小孩教得如此好，正當在思考時，我突然覺得不對勁，這小孩不是坐在他父親旁邊，而是中間隔了一個位置，也就是他與父親保持一個空間，起先我想這是方便放兩人的東西，但觀察一個早上，他們的東西各自放在旁邊，這中間始終是淨空的。

這點發現讓我更好奇起來，於是那小孩每次比賽完，我總是放下手中的書，靜靜地觀察他，他不管贏或是輸，回答他父親的話時，臉上總是一種表情，看不出他的心情，而他的父親知道孩子比賽的結果，也是臉上沒有多少變化，我突然覺得這對父子好悶。

中午休息時間，我看他們父子的互動只有少數幾句話，那小孩仍是靜靜地坐在那裡，但因休息的時間較長，我看到這小孩的眼睛不斷的追尋走廊上跑的其他小孩，他的眼睛亂飄了一陣後，我看到他偷偷地回頭看他父親，他父親則端坐在那看書，我不知道他有沒有注意到孩子在看他，孩子發現父親沒看他，眼睛又跟著其他小孩跑，看著那位父親這麼淡定的看他自己的書，我突然同情起這小孩。

下午比賽完，他得第三名，父子各拿著獎狀及獎盃離開。我遠遠目送他們離去，小孩與父親保持一段距離，這個距離到讓我看不到他們的身影。

這個親子距離，讓我想到同學的父親，一個讓孩子不想親近的父親。唸書的時候，有一次跟幾位同學去看電影，看完電影後，有一個同學不想這麼早回家，就提議再去別的地方玩，我們其他人因身上沒剩多少錢，所以都婉拒了，這同學突然走在其中一位同學前面，看著她並對著這同學說，妳家最近了，我們去妳家玩？

這同學馬上直覺的說不行，但我那位同學不罷休，一直「盧」，最後那位同學只好答應，我們一群人就浩浩蕩蕩去那位同學家。

在快到同學家時，同學突然停下腳步，我們以爲是到了，同學看了大家一眼，「我爸很嚴肅，別被他的威嚴嚇到」，同學話一講完，有一個同學說，「我爸也是這樣。」，隨後又有一個同學說，「我爸才可怕，哪天到我家去妳們就知道了。」

大家一下子，都把父親的觀感說出來。

這同學又看了大家，「我是說真的」，她講完稍微停了一下，「妳們是第一個敢上我們家的人，當然，因爲妳們不認識我爸，待會看到我爸後，我想妳們下次再也不會想到我家來。」

同學嚴肅的看著我們，讓我們猶豫起來，此時我們的腳好像被黏住了，都沒有辦法往前走，大家妳看我，我看妳，空氣突然沉悶起來，大家一下子安靜下來，這同學嘆一口氣說，「妳們還是回去好了。」

被她這一說，先前提議來的那位同學，看著大家，「我們被她這幾句話就唬住了嗎?」這時大夥又互相對看一下，提議來的那位同學說，不是說「不入虎穴焉得虎子」，我們決定要來，那就「既來之則安之」。說完，她帶頭走在前面，那位同學看了直搖頭，「到時不要說我沒講」。

到了同學家，同學暗示我們要輕聲，於是大家躡手躡腳的進去她家，走起路來也十分小心，不敢亂發出聲音，然而畢竟我們有四、五位，再怎麼小聲，還是有些微聲音出來，正當我們自認已經不會吵到別人時，突然有一個人站在我們面前，「這麼大聲不怕吵到別人嗎？」

我們被突來的聲音嚇到，紛紛抬頭看眼前站的人，那位同學趕緊說：「爸，不好意思，這是我同學，她們說要來一起寫功課。」

我們聽同學稱呼眼前的人，趕緊跟他問好。這個人沒有看我們，他對著同學說，「這麼大個人了，還不懂得尊重別人。」

同學趕緊說：「我們會再小聲，不會吵到你。」

那位父親臉上沒有任何表情，也不看我們，無視於我們跟他打招呼，他眼睛只盯著同學，「外面的鞋子有放好嗎？」同學又趕緊回說放好了，這父親沒再說話，逕自走回房間。

我們大家互相對視一下，臉上笑不出來，靜靜的跟在同學後面，到了同學的房間，我們趕緊鎖上門，深怕她父親又突然出現。

同學看我們一眼說：「叫妳們不要來，妳們偏不聽，這只是開胃菜，等一下前菜才會正式開始」。

我們本來以爲躲到房間可以喘口氣，聽到這只是開胃菜，整個心都涼了一截，那位提議來的同學說，「我以爲妳是用激將法來激我們，那曉得妳是說真的。」

同學這一說，說出大家的想法，那位同學看了大家，「妳以爲是膽量測試嗎？」我們大夥被她這一說，都不好意思起來。

大家沉默了一陣，那同學又說，這不怪妳們，之前我哥我姊的同學跟妳們一樣，以爲是他們在開玩笑，到了我家，看到我爸，他們才恍然大悟，等一下我爸有任何要求或講一些不中聽的話，妳們就見怪不怪，當作沒聽到。

被同學這一說，我們來玩的情緒都沒有了，果真沒多久，房門被敲了，同學趕緊去開門，只見她父親嚴肅的說，外面的鞋子沒有排好，如果沒有排好會怎麼樣的，講了大約五分鐘，這期間只看那同學一直點頭，等到她父親講完，她趕緊出去排鞋。

回來後，同學說父親要求很嚴格，一點都不能出差錯，我們笑她是不是接受嚴格的軍事訓練，同學說她從小像生活在部隊裡，我們則笑說很慶幸自己沒有加入部隊生活。

在同學家待不到一個小時，我們就急著回家，因爲這中間她父親來了幾次，跟同學不時告誡，最後一次又告誡同學說，人多在一起講話，聲音要放低，免得影響到左右鄰居。

同學的父親從不直接對我們說，讓我們一直很愧對同學，當他這樣提醒後，我們實在待不下去了，同學解嘲說，我們講話的音量已經小到只有螞蟻才聽到，他父親的耳力真的很好。

同學送我們出來後，突然謝謝我們願意到她家去玩，她說從小到大，很少有人願意過來，來過的人從沒有出現第二次，她也從不邀請同學來家裡玩。

我們離開那同學家之後，每個人都有喘了一口氣的感覺，提議去玩的那個同學像是悟到什麼似的說，我回去要孝敬我老爸，她的話引起我們的共鳴，我們好像不再抱怨自己的父親了。

現在想到那位同學跟父親談話的樣子，像是跟主人說話一樣，卑微服從到不行，記得我們當時還幼稚的問她，爲什麼要這樣跟父親說話，她說這樣她父親就不會唸很多，她可以極早解脫，這是她面對父親的方法。

親子間相處的方法很多，我們這一代的父母是權威式的管教，因此與孩子互動得比較少。

像我自己對父親的了解就很少，我不知道父親想什麼？喜歡什麼？我甚至不曉得如何跟父親溝通，這是我們這一代的悲哀。

記憶裡跟父親互動最多的時刻，是在父親下班後，他每次回家幾乎都會買東西回來，我的工作就是他把車子停下後，我把他買的東西拿下來，而父親對孩子的關愛就是這些東西，因爲這些東西常常是我們最愛吃的。

這種親子的互動，產生的結果就是陌生，同學說父親如果在客廳，她打死都不會待在客廳，這小孩與父親保持一張椅子的距離，父子關係像是生疏的朋友，如果他可以選擇，他會是如何選擇？

父母對孩子總是有期待，這期待讓我想到那孩子沒笑容的臉，我不知道這樣的期待好不好，但我知道一個人不習慣笑，長大後要笑是很困難的。

05

你是溺愛家族的成員？

聯考放榜後，朋友打電話跟我說，他的姪子成了我的學弟。我聽了很高興，就對朋友說，我將來勢力應該很大，因爲周遭的學弟學妹越來越多，萬一哪天去選民意代表，就有現成的基本盤了。

朋友說我頭殼壞掉了，什麼工作不好想，想到去選民意代表，我說這樣才「有錢有勢」，朋友罵我越老越糊塗。

跟朋友嘻笑一陣後，朋友說他不知道如何跟父親溝通，我說你還有不會溝通的事？

他說他父親算是明理，很多事很好溝通，唯獨對姪子這件事，怎麼跟他說就是沒辦法有一點交集。

朋友的話讓我腦中出現這長輩的身影，我笑說應該是你要求的比較多，朋友說什麼要求，我連話都插不上去，朋友說以前父親不是這樣，現在變了。

他的話讓我想到父親對我們家的第一個孫女情形，我說人家是在享受「含飴弄孫」之樂。

朋友說他知道這種親情，可是也不要過度寵溺，現在小孩就是這樣被寵壞才無法無天，不知天高地厚。

我笑對朋友說他在「吃醋」，朋友說才不是，那是看不下去，他說姪子考上公立高中，他父親馬上送他一支最新型的「智慧型」手機，說什麼怕在學校臨時有東西要查沒有電腦可用，又說那些明星高中的學生，隨時都要掌握訊息，所以姪子也要跟上。

朋友說以前自己念高中時，想買個東西，父親總是說一堆大道理，讓自己買起東西都有罪惡感，現在卻是說沒買會跟不上人家，跟不上人家他有罪惡感，這是哪門子的邏輯？

朋友說父親把姪子寵壞了。才考上大學，又開始問姪子缺什麼？朋友的話讓我想到有一支廣告，那廣告說「想要什麼？爸爸買給你。」，現在換成「想要什麼？阿公買給你。」，我突然腦中出現一個畫面，就是孫子牽著阿公，在商店，孫子跟阿公講各種產品的功能，講完後跟阿公說，我們買這個，我去住校時，我們可以用這個天天上網見面，阿公想著可以每天看到孫子，就不加思索的買了。

這個畫面又讓我聯想到一個通訊公司的廣告，那是祖孫的「祕密基地」，這阿公跟孫子瞞著家人在外面學東西，這段學習時間，是他們兩人的快樂時光。

祖孫的快樂時光，是當祖父們最得意的事，記得父親常把他最快樂的時光，用行動去昭告親朋好友，那時姪女才兩、三歲吧。如果天氣好，父親一定戴她去兜風，這一兜風可不是幾公里，而是幾十公里，父親會騎車到鄰近親戚住的鄉鎮，在沒有孫子前，父親是「有事」才去找親戚，有了孫子後，父親是「想到」就去看親戚，因此，那些親戚看到姪女的次數比自己的孫子還多。

父親不只對親戚炫耀自己的孫子，也不會忘記跟工作上認識的人，告知自己是「祖父級」的人物，當然如果可以帶小孩參加的活動，父親是絕對不錯過。

我關上想像畫面跟朋友說，你生的太早了，否則阿公也可以買很多東西給你。

朋友說我在說什麼「肖話」，現在姪子都快被寵壞了，我還有時間嘲笑他。

我說不只你生的太早，我自己也生的太早，一點都沒有機會享受被阿公、阿嬤寵的幸福，我說以前小時候，沒想過的待遇，全部讓姪女一個人包辦了。

朋友被我這一提，似乎覺得我說的話有些道理，他說妳講的還滿對，他對他的祖父母沒有印象，甚至忘記他們的長相。以前他們在的時候，孫子這麼多，他要顧誰？顧這個得罪那一個，到最後兩面不討好，現在孩子少，孫子又少，甚至有些人還抱不到孫子。

抱不到孫子，對許多長輩來說，那是一種心中無法說出來的痛。記得有一次去市場買菜，在一個攤子前碰到兩位老人家，其中一個推著孫子，另一個則是手拿雨傘。

手拿雨傘的看到推車上的小嬰兒，馬上彎下腰去逗弄他，逗弄一陣子後，她站了起來對另一個老人家說，現在小孩少，看到這些嬰兒都覺得好可愛，講完還不忘再看一下小嬰兒。

少到看到嬰兒都覺得可愛，這是長輩們的心聲，我把這句話跟朋友說，朋友聽了笑笑說，我們真的生的太早了，不然我們也是被疼愛的一族。

我跟朋友說你父親愛孫子是「萬不得已」，而且也是很辛苦的。

我講完之後，朋友大笑，他說或許是太過擔憂，但想想孩子的管教是父母的責任，而祖父母則有寵愛孫子的權力，何況叫祖父母不寵愛孫子，他們是做不到。

自己當了父母之後，看到長輩在疼惜自己的孩子，會不自覺地想到以後的自己，是會如何對待自己的孫子？

現在的家庭，大部分是父母比較理性對待孩子，祖父母則已經「失心瘋」了，還好大部分的祖父母雖然「失心瘋」，但還是有些理性，不會完全沒理性，固然「稍微」對孫子放縱些，還不至於讓寵愛變質。

我跟朋友說，最怕你兄長也「失心瘋」，如果父母沒理性那就慘了。他說沒錯，如果他哥哥那道防線沒做好，那姪子被寵愛鐵定會變質，那就不好了，一個變質的愛，是害自己也是害孩子的。

變質的愛，讓人不禁可憐起那些孩子，他們無法拒絕父母給他滿滿的愛，然而因爲太滿了，讓他們不懂得去判斷，以至於像水一樣能載舟也能覆舟，他們享受到過多的「愛」，同時也接受過多愛的後遺症。

質變之後的愛，是要付出慘痛的教訓。之前有一位朋友就是這樣，她的孩子不只是獨子，而且是三代單傳的獨子，所以三千寵愛在一身，因此讓孩子養成「唯我獨尊」的個性。

剛開始朋友還不認爲這不好，直到孩子在外面發生事情後，她才知道自己把孩子寵壞了。

朋友的孩子爲爭奪女友，失手殺傷了別人，朋友告訴我，還好對方只是受傷，否則她拿什麼陪人家。

生命是陪不起的，但孩子不了解，因爲他只想到自己能不能得到，因此在怕失去的心理因素下，他就採取強烈的手段。

這強烈的結果是送自己進入感化院，朋友說還好事情早發生，不然罪更重，在幾年的感化後，朋友重新對待自己的孩子跟自己，後來兩人花了好長一段時間，終於才走出彼此的陰影。

朋友說這代價太重了，是真的很重，因爲失去的時光是無法重回來的。

母親節時，看到一則感人的新聞，那是一位母親大義滅親的故事，這母親是以前的一位藝人紀寶如，她發現自己的兒子吸毒，自知無法教導，就報警處理，當時兒子非常不諒解她，但她告訴兒子如果她現在不這樣做，那就是害了他，她寧願兒子不諒解她，也不要讓自己後悔一輩子，結果在兩年後，兒子抱著母親說謝謝，她兒子說要不是母親這樣，那他的人生就毀了。

沒有那個父母願意看到孩子走上不歸路，只是像紀寶如這樣做的父母不多，因此我們不斷看到的社會事件，就是因爲父母不忍心把孩子送出去管教，總以爲孩子會變好，殊不知反讓這孩子越陷越深，最後一發不可收拾，導致自己家庭毀了，甚至毀了別人的家庭。

現在的父母很難不列入「溺愛家族」的名冊，雖然是名單上的人，但如果我們能夠把「愛」克制使用，那我們就不會掉進「溺愛」的漩渦裡。

當然，我們的孩子，因爲在「適度」下，自然也學會很多事，因爲很多事是必須分享及退讓的，而不是只有自己才可以「擁有」。

06 你是**媽寶**的會員？

跟朋友喝下午時，媽媽經不小心就出來了，朋友笑說跟已婚婦女喝下午茶是最無趣最笨的選擇，我說沒辦法，「情不自禁」就脫口而出。

朋友說我們這種女人，當了母親之後，就「忘了我是誰」。她這話一講完，就用眼睛認真的盯我看，然後問我，「妳以前的豪情壯志哪裡去了？」

被她這一問，我好像做賊心虛一樣有點不好意思，爲了替自己找台階下，我說等妳結婚之後，就會跟我一樣，我只是犯了「全天下母親都會犯的錯」。

朋友聽我把全天下的母親都拉了進來，哼了一句，「自己做的事，幹嘛扯上這麼多人。」然後不屑的對我說，「當母親又怎樣？小心別把孩子變智能不足的媽寶。」

我說我怎可能把孩子變成媽寶，自己是上一代傳統思想的中度受害者，怎可能把這惡習延續下去，朋友說妳們這些媽媽嘴巴說一套，行動又一套，看妳們每一個把孩子照顧得多好？孩子打一個噴嚏，就認爲全世界都感冒了，於是該吃該補該穿的一個都不少，讓他們變成一個毫無抵抗力的傢伙，妳說妳們不會讓孩子變媽寶？

我瞅了朋友一眼，妳說的沒錯，只是妳今天好像吃了炸彈，講話又酸又辣。朋友說，什麼又酸又辣，本來就是這樣，妳看妳的孩子，有吃過什麼苦嗎？

被她這一說，我靜下來想了一下，生活中慶幸沒有發生什麼大事，小孩因此沒有機會吃苦，但因爲沒吃過苦，生活中很多的基本常識就顯得不是很足，所以許多事情自然是由老媽自己做，這一做下去，老媽就變成名符其實的「老媽」了。

想到自己在不經意中漸漸變成「台傭」，就不自覺的緊張起來，我跟朋友說，為怕自己變成「台傭」，我會謹記在心。

朋友說妳知道妳的兒子一旦變成依賴妳的「媽寶」後，會變成怎麼樣的結果嗎？我搖搖頭，朋友說妳得到兒子的「終身依賴權」，但卻失去妳兒子的「終身成長權」。

想到從小已經為他們把屎把尿了，長大還要替他們「擦屁股」，就覺得很可怕，何況自己是個懶人，很多事情都已經懶得做了，如果繼續擁有權利，那不是自找罪受？

所以我對朋友說，這「終身依賴權」魔力太大了，我法力不夠強，又沒有什麼能耐去掌握這權力，我想我會在兒子結婚時簽「切結書」。

朋友笑我說得太早，但她肯定我的做法及想法，她說許多婆婆總以為別的女人搶走自己的兒子，殊不知是別的女人幫她照顧她的兒子，照顧一個人多累，現在有人分憂解勞，這不是很好嗎？然而那些婆婆想不通，結果搞成「女人爲難女人」的場面，原本是三人和諧的美好結局，弄成三人的悲劇，這就像我妹妹一樣，結果是大家痛苦。

我聽到朋友提到妹妹，心頭一驚，記憶裡那是一場很盛大的婚禮，我不加思索的就問她，不是已經結婚好幾年了嗎？

朋友說結婚好幾年又怎麼樣？不是說「牛牽到北京還是牛」，那個人已經這麼大了，個性已經定型了，還能變嗎？

聽朋友稱前妹婿爲「那個人」，相信她對他非常不滿，我想到之前朋友說，他們爲不受母親的干擾出國去，就問朋友說出了國還干擾到嗎？

朋友說「法力無邊」，再遠都可以滲透，我聽了直冒汗，心想法力既然可以穿越大海，那再遠也無法抵擋親情攻勢。

我跟朋友說親情是一個超強的法力朋友說就是因爲強大的親情，讓他們只好收拾東西回家，這一回家，就是婚姻終結的開始。

朋友看著我，「妳以後千萬不要干涉兒子的閨房生活？」我看她這麼專注的眼神，罵她「神經病」，我說人一生幾近三分之一的時間在睡覺，而這一半的時間，又有一半是夫妻生活，我幹嘛去攪和，去干擾，除非我不想抱孫子，但即使不想抱孫子，也不可以擾亂孩子的生活。

朋友說就是有這樣不理性的婆婆，她說她妹妹的婆婆，不准他們晚上睡覺關門，說萬一她發生事情，他們聽不到，然後又說她晚上有幫兒子蓋棉被的習慣，門一關她就要叫醒他們，這樣會吵到兒子的睡眠，兒子隔天就沒有辦法有精神上班。

朋友說還不只這樣，有時婆婆會把妹妹叫到客房睡，說兒子從小跟她睡習慣，於是自己就跟兒子睡。

我聽了不可思議，以為這是電視上為衝高收視率，才亂掰的劇情，沒想到在真實生活上演了，我說這不是不讓他們睡覺嗎？難道做兒子的沒有意見？

朋友嘆了一口氣，妳知道什麼叫「媽寶」嗎？「媽寶」怎麼會有想法？從小母親都幫他安排好了，他連「想法」兩個字都不會寫。對他來說，母親的安排一定有她的道理，既然有道理，聽了準沒錯，所以他也叫我妹妹聽從，我妹妹不是「媽寶」，她知道人應該要有「想法」，因此兩人漸行漸遠了。

我說這讓誰也受不了，如果是我也會離婚，我笑朋友不會因為是這樣的緣故，而不敢結婚吧？

朋友大笑說，以她的脾氣會有人敢欺負她嗎？我也跟著笑了，朋友說我們是兩隻母老虎，誰惹了我們誰倒楣。

雖然我們自我調侃，但婚姻之事不是誰兇就誰贏。我想到自己的同學，也是隻兇狠的母老虎，結果婚姻遊戲只玩了一年，就宣告結束，會結束的導火線，就是這個「終身依賴權」。

當年在唸書時，這同學因為其他同學的關係，認識這位媽寶。他們交往一段時間後，同學介紹給我們知道，剛開始這位媽寶表現正常，我們也滿欣賞他的，因此每次活動都會邀請他參加，後來大家熟識後，發現在他言談間，他母親說的話常常掛在他嘴上，有一次我們還拿這來跟他開玩笑，直接問他是不是「媽寶」？

他當下沒有回應，但他的話中出現母親的次數，並沒有因此減少，我們就覺得這個人不夠成熟，就勸同學要多考慮。不過因爲她正在熱戀中，根本聽不進我們的話。畢業後她不顧眾人的勸說及家人的反對，決定跟這個媽寶結婚。

我們這些人不死心，在結婚前還是不放棄規勸，同學自是無法接受我們的諫言，反而叫我們放心，說結婚後有了責任他會改變，當然，最後我們只好送上最真誠的祝福給同學。

結婚前三個月時還好，三個月後兩人的蜜月期結束，王子與公主回歸到現實生活，問題就開始出現，媽寶的母親爲讓自己繼續擁有孩子的「終身依賴權」，不時在兩人中間使用「特權」，讓做兒子的左右爲難，而兒子因習慣聽母親的話，也不知怎麼反抗母親，導致原本有嫌隙的婚姻問題更多，最後同學實在無法跟婆婆一道分享一個男人，兩人的婚姻只維持一年就宣布終止。

離婚後，同學恍然大悟的對我們說，她前夫從來沒有進入「青春期的反抗階段」。

同學說上帝讓人有「青春期」，是因爲這階段是孩子往成長這條路走時，會發現許多的道理跟父母所講的不同，爲了證明對與錯，會因此與父母產生「辯證」，這「辯證」的結果未必會認同父母，但卻是他當大人前學習判別的機會，但她前夫把這機會全部交給母親，因此他不知道如何面對問題，一旦碰上問題不是交給母親處理，不然就是選擇逃避。而逃避到最後，沒有辦法再逃避時，離婚就成爲唯一能夠選擇的道路。

同學現在已經再婚了，但對方呢？聽說又離婚了，問題還是同樣的，只是對方已經搬離家裡。

朋友說以後要盯著我如何對待媳婦。我想到未來會有另一個女人進入我家，也同時想到自己的女兒未來也要進入別人的家，突然心中有一種絞痛，這絞痛讓我體悟到人的自私，我們都希望自己的孩子被照顧好，但很少會想到別人的孩子也同樣是要被照顧的。

自古以來，父母看到的永遠是自己的孩子，結果在狹窄的視網膜下，我們把自己變小了，我們以爲自己的保護傘就是孩子最佳的避難所，結果這避難所沒有逃生功能，以致孩子學不會逃生，我們認爲我們可以供養他一輩子，但我們會變老，老了會死，死了他們怎麼辦？

我想到朋友說的「終身依賴權」與「終身成長權」，這兩個權對母親來說，哪一個比較重要？

07

你是老子「**無為而治**」的信徒？

兒子明年要參加學測，我心裡比他還急，女兒笑我是「皇帝不急，急死太監」，我指著書架上的一堆書跟女兒說，灰塵都積滿了，都還沒有看他拿來看，妳說我急不急？

女兒用手摸了灰塵安慰我說，船到橋頭自然直，我現在不是也有學校讀了。

我說唸書這個東西，有唸就是有唸，沒有投機取巧的，如果有，那大家都不需要唸書了。

女兒則不以爲然。她說妳們上一代的人，總是想到以前的聯考制度，以前學校少，自然要認真才有學校唸，現在考十幾分就有學校唸，所以兗驚啦，不會沒學校唸的。女兒說完，又很得意的對我說，她不是一樣沒唸書，照樣可以申請到不錯的公立高中嗎？

我說高中跟大學不同，學校是很多，但書還是要讀，這是爲增長自己的知識，女兒說增長知識又不一定是在教科書上。我說是沒錯，只是如果要參加考試，這教科書是很重要的。

女兒說我管太多了，她說小孩會唸書就是會唸書，不會唸怎麼叫也是不會唸。就像她自己，不想唸書的時候，叫她唸也沒用，因爲她不會唸，哥哥跟她一樣，所以叫也是白叫。最後她很誠懇地對我說，請我放她「自由」。

我說話雖然這樣說，但還是要「督促」，不然考試到了，當真沒唸書那就慘了。女兒聽到督促，就問我爲什麼要督促？以前外公根本沒管妳，爲什麼她要被管？

我沒想到女兒會拿外公當作擋箭牌，我說因爲我很主動唸書，所以外公根本不需要開口。

女兒說我們也是很主動，只是標準不同，所以才會有錯誤的認知。

女兒的話，讓我暫時無法接下去。如果說他們沒唸書，那他們就無法讀到現在的公立高中，若說他們有唸書，他們唸書的時間跟我比確實差很多，所以我說你們唸書時間太少了。

女兒不認同，她說以我們那個時代唸書的氛圍跟現在的環境相比較，自然無法用同一標準來要求。

我停了一下說，是不可以用同樣的標準，但主動性不夠。

女兒說外公有說過妳唸書時間不夠多嗎？我說沒有，女兒說外公這麼相信妳，妳怎麼可以不相信我們呢？

女兒一語說中了我的要害，讓我沒說話。女兒說外公這麼放任妳，又從不管妳，我是妳生的，會變多少？

被女兒一說，我想到父親從有印象以來，他從來沒有管過我，他讓我

「自由發展」，所以我從來沒有被父親管教的經驗，以前同學常對我說，沒有被父親管教好好，當時我感受不到這中間所謂的好是什麼。

年輕時不認爲這是父親對我的信任，總認爲自己是有節制的孩子，所以父親才可以像老子一樣「無爲而治」。

現在經女兒一提才恍然大悟，原來是父親給我機會學習自我管理，我才能有今天這麼主動的個性。

女兒說爲什麼她不能被信任？爲什麼不可？我突然說不出理由，女兒說她也是很有節制的人，爲什麼不能由她自己管理自己？女兒的許多爲什麼，讓我一時語塞。

小時候我從來沒有問過父親「爲什麼」，父親也從來不會要求我做什麼，我從不清楚爲什麼父親要管孩子，現在想想都是因爲父親太了解他的女兒了。

我看著女兒，突然想到父親的笑容，這笑容女兒是一輩子看不到的，父親可以這麼輕易地放下他的手，讓我自行奔跑，而我竟然到現在還抓住女兒的手不放，這是我不捨還是不願？還是不放心？還是……

我對女兒說外公比較聰明，所以他的判斷能力比我好，女兒說什麼跟什麼，難道我比妳差嗎？

我笑說會拿外公出來的人，怎麼可能比我差，女兒逮到機會就說外公可以對妳採放任政策，那我也享受連帶福利，女兒說完，很自滿的又說，我知道妳會說什麼附帶條件，放心，妳能做到的，我就能做到。

女兒以勝利者的姿態做一個鬼臉後，就走出房間，留下我一個人在裡面。我隨手拿了一本兒子的課本，想到父親從來沒有翻過我的書，我不也好好正常發展的過了人生上半輩子，我並沒有因爲父親的縱容，讓自己走歪路。所以管教不見得要用什麼方法，而是適不適當。

我突然想到老子說的「無爲而治」，原來父親早就知道這原理，所以他才可以放任我，讓我有很自由的空間。跟女兒「討論」完後，我感激起父親來，如果不是他給我很大空間，不知道現在的我是怎麼樣？

後來把女兒爭「自由」的事跟朋友說，我說要不是父親「英明」，信守老子「無爲而治」的精神，或許我現在不是大好就是大壞。

朋友說她了解我父親的「無爲而治」，因爲她也是被「放任」長大的，不過朋友說她的「放任」跟我的不一樣，我是父親知道我不需要被管，所以才沒管我，而她則是被父親「放任」不管。

朋友說雖然父親放任她，也沒時間管教她，但卻是讓她享有最快樂的童年。

她問我的童年怎麼過，我說小時候玩伴不多，跟兄姊又有年紀上的差距，可記憶的不多，所以沒什麼印象。她說沒什麼印象，就表示童年可回憶的事很少，我剛開始不認同這句話，但又想不出來童年有哪些讓自己記憶深刻的事。

朋友說她跟我不一樣，隨便一閉眼就有很多童年時好玩好笑的事，我說怎麼可能，還用懷疑的眼神看她，她說不是每一個人像我一樣，獨自孤零零的過日子，她的童年可是有一堆玩伴，而人一多什麼花樣都想得出來。

這可讓我羨慕了起來，因此也試圖努力想在童年裡找出一點記憶。朋友叫我不用找了，她說再找也是那麼一點，後來發現我的童年確實讓自己記起來的不多。

朋友說現在想想自己有這麼多的童年往事，真的要感謝父母親對她的「放任」教育，她說小時候，父母親沒時間管教孩子，所以都是讓孩子自生自滅。

她說小時候下課，父母親幾乎都不在家裡，他們都是在田裡耕種，所以寫完功課後，常常一個人發呆，剛開始會乖乖在家，後來實在覺得無聊，就找左右鄰居的小朋友玩，這一玩就瘋了起來，從這鄰居家玩到另一個鄰居家，甚至玩到別的村莊去。

我說妳不怕父母回家找不到人，朋友說她會在父母回家前到家，所以他們不知道。我說萬一發生事情怎麼辦，她說那時候怎麼會想到這麼多，玩是最重要。

她說父母親雖然不知道，但還是有被揭穿的時候。有一次，他們不知什麼原因提前回來，發現我不在家緊張的到處找。當然回去後，被父母打了一頓，也被嚴重警告，只是這些都沒有嚇到她，她照樣出去玩。

朋友說我以爲父母親不知道，事實上，是我不知道父母親知道我會再出去玩，早已去附近鄰居家拜託，請他們照顧我一下。有一次我又去附近鄰居家玩，鄰居說我父母種的菜真的很好吃，我當時聽了一頭霧水，後來才知道父母親做的事，他們爲答謝鄰居關照我，就不時送東西過去。長大後，我問他們爲什麼要這樣做，他們說總不能把我一直關在家裡，而且他們相信我是個會照顧自己的孩子，所以他們認爲讓我去外面跟人玩比在家裡好。

朋友笑說父母親從小就很相信她，也因爲相信她，所以放任她，她因此學會自制，該做的事或可以做的事才會去做，因此雖然父母從來沒有管過她，她也沒有學壞過。

我跟朋友說，很慶幸我們的父母給我們「很大空間」，朋友說她應該是很幸運沒有碰到壞朋友，否則今天不會有機會聊這過往的事。

朋友說父母親的放任有時是無奈，像她父母爲了養家，每天一大早出門天黑才回家，而有些父母則不是，他們根本是不管小孩。

朋友說小時候有一個玩伴，那玩伴的父母從不管教小孩，他們還得意的對人說，他們是最民主的父母，完全採民主方式讓孩子自由發展，結果那玩伴國中時交到壞朋友，就這樣踏錯腳步，後來進監獄像進廚房一樣，一輩子就這樣完了。

她說孩子管與不管，是沒有一定法則，最主要是看這小孩是否是自制性很好的，不然這小孩很快就受到影響。

朋友提到法則，我想到老子說的話，萬物是要在自然下成形，如果不是自然就會走樣，而要自然則必須要有適宜的環境，如果沒有這樣的環境是造就不出好東西的，人也是一樣，如果不適宜則會弄巧成拙。

08 你是**體罰型**的父母？

最近附近有一棟住戶正在裝修房子，雖然有些吵，但想到閒置這麼久的房子終於有新主人了，也就不是很介意。

這房子的舊主人，是我們這邊「傷腦筋」的住戶，之前住在這時，我們被他的髒亂搞到差點訴諸法律，後來他們搬離了，大家都鬆了一口氣。本來可以高興的，但想到他們的孩子，我們這些鄰居卻是高興不起來。

高興不起來是因爲我們擔心孩子的父母，不知什麼時候又會拿他們出氣，因此，每當想到那小孩的嘶喊聲，總會不自覺的爲那小孩禱告起來，希望他們住的地方有好鄰居可以隨時關照到他們。

他們的父母是我們這邊警局登記有案的「累犯」，這主要歸功我們鄰居們的互助互愛，因為鄰居的愛心，讓小孩減少被毆打的機會。

剛搬來的時候，有一天突然聽到不遠處，傳來小孩哭喊嘶吼的聲音，因為這聲音實在是又大又悽慘，我就下樓循著聲音找，後來發現是從某一鄰居處傳過來的。因為我剛搬過來，不知這邊的生態，所以當下猶豫著要進去還是不要，正思考時，小孩子的聲音停下來了，我心中的石頭也隨小孩哭聲停止而放下，但內心還是很難過。回家路上，我一直在想，這是怎樣的父母，小孩子都哭喊成這樣了怎麼會沒有感覺呢？

幾天後，我碰到一個比較熟的鄰居，我說前幾天聽到有孩子的哭聲，這聲音很大很淒慘，鄰居說以後會常聽到，我說教育孩子需要到這樣嗎？

鄰居說什麼「教育」，根本是打小孩出氣。我一聽「出氣」，不自覺的緊張起來對鄰居說那小孩很可憐的。鄰居說是很可憐，但小孩父母講不聽，我們鄰居常常勸他們不可以這樣管教孩子，他們說孩子很皮，不這樣孩子不會怕。

我一聽鄰居這樣說，又想到那孩子的淒厲哭聲，我說這樣遲早會打出問題，鄰居說我們也告訴他們，甚至請警察來過，但他們還是照打不誤。

之後，果真如鄰居說的，常會不定期聽到孩子的叫聲，我們這些鄰居常會過去關切，總是如鄰居說的「無效」，不過雖然「無效」，但還是有些許作用，因為孩子的父母多少有顧及到鄰居的觀感，後來「家暴法」出現，它具有法律威嚇作用，我們這些熱血的鄰居，更把它當作救孩子的保命符，一旦孩子哭得很淒慘就報警處理，這父母因此節制一點，孩子的哭聲也就減少了。

只是，這樣的安靜過沒多久，他們父母因某種因素連夜搬走，小孩的安危我們就不知道了。

房子裝修的聲音雖然吵，但總比孩子的嘶喊聲好多了。

這孩子的嘶喊聲，有時會在腦海中出現，每當出現時，就想到孩子無助的眼神及被綑綁的驚恐，這眼神讓身為母親的我內心在滴血，我不知道這些記憶，會在孩子身上烙下什麼樣的痕跡，這痕跡對他們未來要走的路，或者他們對事物的看法會影響多大？

但我知道孩子是一張白紙，他要成爲什麼顏色，都是大人給他的。記得有一個小故事，是老師要孩子畫父母親，有一個小孩把父親畫成黑色，老師問他原因，他說不想看到爸爸。一個孩子不想看到父親，相信這對孩子來說，那一定是傷害過很深才會有的想法。

被傷害的心，讓我想到一個小男孩，他最後在我要離開時，給我一個微笑。

跟這小男孩相處天數不多，但我對他很難忘懷的原因是，他總是板著一張臉，即使是跟其他小朋友玩，也沒看他露出笑容。

他跟坐在旁邊的另一個小男生是死黨，兩個人一到下課就打起來，常看的我心驚膽跳。同學告訴我，這是他們兩個每天下課的餘興節目，我笑說這也太「劇烈」了，他說習慣就好。

有一個下午，我改完他的國語習作後，把他叫到旁邊來聊天，我用半開玩笑的口吻說，「哥哥不會突然長途跋涉的出門」，他聽我這一說，有點不好意思，於是我順便告訴他如何造句，講完造句後，我又藉機跟他聊天。在這聊天中，我故意說他很酷，都不肯笑給我看，小男孩這時靦腆地對我笑一下，我立即抓住機會說他笑的很好看，而且很帥，這小男孩臉上終於出現了真正的笑容，只是這笑容很短暫，稍縱即逝，他又出現酷樣子。

跟他聊天完，他的死黨走過來跟我談他，他說這同學比他還可憐，我說為什麼，他說他常常被父親打，我非常驚訝，我問這死黨他為什麼常常被父親打，死黨告訴我說，他父親愛喝酒，一喝酒就會打人。

我聽完情緒變激動，我想到許多社會事件就是這樣造成的，心裡不自覺的痛了起來，我轉頭看著坐在我前面兩、三公尺的男孩，忽然明白他為什麼不笑，想到一個該是可以盡情放聲大笑的小孩，竟然會笑不出來，內心不是只有痛，而是悲涼。

當我知道他背後的辛酸，我又再度把他叫過來，進一步了解狀況後，我說我也是他的靠山之一，小男孩直直點頭。

之後，我常不定時過去跟他聊天，也不時跟他開玩笑叫他酷哥，小男孩說他不是酷哥，他的死黨也證明他不是酷哥，我說既然不是酷哥，那就笑給我看，小男孩終於露出笑容，而且這笑容比先前持久。

看到他露出難得的笑容，心裡頭真的很開心，但我知道這是短暫的歡笑，對他來說，離開學校那一步也是收起笑容的開始。

每次送走他，就會不自覺的想到一個醉漢，圖個幾分醉的大肆鬧事，這畫面讓人看了十分噁心。而今，這畫面就在你認識的小孩家出現，真的是情何以堪。

搬走的鄰居小孩，幾天相處的小孩，跟自己的小孩，這都是小孩，卻是面對著不同的命運，而這些影響他命運的人，不是別人，是他最親近且血緣分不開的家人。我想到鄰居孩子怯懦的表情及無助的眼神，想到學校孩子不會笑的臉，這都不是孩子應該有的，更是不該在這麼小的時候加諸於他們的。

父母親所謂愛之深責之切，對有些父母或許是求好心切，因此對孩子期待很高，一旦不如自己的預期，責罵聲就出來了，但有些父母根本不是，他把孩子當作自己的情緒出口，這是何等的惡質。

一個情緒出口的結果是什麼，記得小時候，看到一個鄰居的故事，做父親把孩子打跑了，孩子長大念及父親已經年邁，就回家跟父親住在一起。後來結婚卻也學著自己的父親方式，看不順眼就對老婆、孩子拳打腳踢，後來把老婆、孩子打跑了，自己獨自守在老屋整天用酒來陪自己。

父母親是孩子的學習對象，他不只直接影響到孩子，也會影響到孩子的孩子，這被媽媽帶出來的孩子，長大後至今不敢結婚，他說他怕自己會變成另一個父親。

每個爲人父母的，都希望孩子比自己好，因此把自己未達成的願望，喜歡加諸在孩子身上，讓孩子去完成，這樣的父母雖然是很自私的，但他還有一些人生理想，最怕是放棄自己的父母，自己放棄了也罷，還把孩子也放棄，那是最可惡的。

09 你是不好玩型的父母？

在速食店殺時間時，隔壁桌剛好坐幾個高中生，那些高中生每一個人都很忙碌的在當「低頭族」。我從洗手間出來後，看到他們仍安靜的各做各的，我好奇的瞄一下他們其中一個人的手機，原來他們都在玩目前正夯的「Candy Crush Saga」。

回到座位後，突然間他們四人中有一個人叫了起來，坐在他右旁邊的人頭也沒抬就說，「叫什麼叫」，那個人說「掛了」，右旁邊的人哼了一聲，「掛了？叫個屁。」然後又安靜了。

沒多久先前叫的那一個，又叫起來，旁邊的人問他是不是又掛了，他洩氣的說，「我都被我媽追上了。」

「什麼！你媽也玩這個？」坐在他對面的人出聲。

「我老媽已經到了一百二十關了。」

「哇塞！你媽超厲害的。」

「就是這樣，所以我才不能輸她，不然會被她取笑。」

「你媽真屌，年紀一大把還玩這個。」坐在他對面的又說。

「這不算什麼，先前我玩英雄聯盟時她也玩，最後我還輸她咧。」

「你媽是何方神聖？竟然這麼厲害？」坐在右旁邊的人，這時又講話了。

「她愛跟我搶遊戲玩。」

「你媽真的很有意思。」坐在他左邊的人，這時出聲了。

「我也這樣覺得，我媽連電腦都不會開。」坐對面的人說，說完，突然叫了一下，「這下真的掛了。」

「到多少了？」坐他旁邊的問。

「一百三十。」

「快給他媽追上了。」坐他旁邊的又開口說。

他們四個就這樣邊玩手機邊講話，後來其中有一個說「你媽真有趣，還會跟你玩，不像我媽自己不玩，也不讓我玩，一點意思都沒有。」

另一個馬上附和說，「我媽連電腦都不會開，根本不知道什麼叫遊戲，那才叫無趣。」

四個人頭都沒抬起的你一句我一句的講，講到最後，最早叫出來的那位學生說，「我媽是因爲怕我亂來，所以就跟著我玩的，原本我不喜歡她這樣的監督，後來發現跟我媽組成一隊也很有趣，現在至少她不排斥我打電玩。」

「你是不是有把柄被抓到？不然你媽怎麼會想了解你玩的東西？」坐在他對面的說。

「怎可能，我又不做壞事。」

「你媽真好，還懂得加入年輕人的潮流，真是好玩。」坐在他右邊的人說。

「好嗎？」最早叫出來的那位學生說。

「當然好。」坐在他左邊的人說，「這表示她開明，開明的媽總比守舊古板的媽好。」

說完這句話後，四個人又沒有人講話，繼續努力的拚過關。

聽著他們的對話，看著桌上的電腦，自己正跟他們玩相同的遊戲，而他們的對話，突然讓自己覺得年輕起來了，沒想到自己有這一天，也可以跟得上年輕人的潮流。

跟得上年輕人的潮流，對我們這些父母來說，是一件很重要的事，這是縮短親子間距離的最好方法。孩子與父母身在不同世代，觀念想法有很大差距，所以參與孩子的活動，就變成建立親子關係的重要法門。

本來我是不玩電玩的，但兒子下課回家後，就看他坐在電腦桌前，盯著螢幕看著那些「糖果」，女兒也是。兩個孩子很少同時玩相同的電玩，這次竟然「有志一同」，這讓我很好奇，於是也加入戰局。

進入戰場後，我像吃大麻一樣，本來是好玩，慢慢地被吸引起來，然後開始上癮，最後進入瘋狂。

一旦迷上了，就跟著大家一樣拚過關，我常跟女兒炫耀說，今天突破哪一關了。女兒笑我幼稚，這麼大的人還跟小孩子一樣，我回說妳老媽能力不錯，常常進入排行榜，女兒則很不屑的說，這值得誇耀嗎？

第一次跟兩個孩子玩同樣的遊戲，有一種參與的感覺，因爲有參與感，所以玩的也特別起勁。

有一天正在奮戰想過關的時候，朋友打電話給我，叫我寄一份資料給他，我說要晚一點，因爲我正在忙著晉級，朋友問我晉什麼級，我說電玩的遊戲。

朋友很驚訝我竟然玩起電玩，還用一種不可思議的語氣問我說，是不是受了什麼樣的刺激？我說只是想跟孩子打成一片，朋友說我犧牲真大，竟然違背我的中心思想，我笑說什麼時候增加了中心思想。

朋友仍不相信我會玩電玩，再次問我玩電玩的目的是什麼？我說剛才不是說了，只是單純想要增加親子之間的情趣。

朋友聽完之後說，要增加情趣也是他，我笑說我也需要，特別是這個東西自己不熟，跟孩子有脫節的現象。

「脫節？」朋友重複我的話，然後又說，「如果要說脫節，妳知道有多少父母跟孩子是脫節的？搞不懂爲什麼脫節時是父母親去配合孩子，而不是孩子來了解父母。」

朋友說的話，是很多父母的痛，但又是無法改變的事情，所以我說孩子是國家的棟樑，未來的主人翁，我們將來的衣食父母，看在未來的份上，我們還是委屈一下。

朋友笑我太卑賤了，我說不卑賤會被淘汰。我想到在速食店時碰到的高中生，所以又跟朋友說，現代的父母很難爲，不只要文也要武，否則孩子覺得你無趣，沒有人喜歡跟無趣的人在一起。

朋友說這世界也太悲慘了，要供孩子吃穿，還要演戲給他們看，這是哪門子的事。我說社會的現狀不是我們能改變的，面對現實吧。跟朋友聊完電話，我又繼續奮戰下去。

幾天後，朋友再度打電話給我說，他現在跟我一樣是「犧牲自己」，來配合孩子。我問什麼事讓他犧牲？他笑說現在他才知道電玩有多好玩。

我聽他一說，笑他開始淪陷、墮落，不求長進。朋友聽完大笑說，這些辭是以前送給兒子的，昨天孩子把這些話原封不動的還給他。

我說你兒子這麼大膽，朋友說收了這些話之後，才明白妳說的增加親子之間的情趣，情趣是要培養的，而不是用教訓的。

朋友的話讓我想到在火車上聽到的對話，那是一個年輕人跟他朋友說的，年輕人說，「我媽都不學東西，整天只知道在看電視，每次回去聽到她講電視上的事就覺得很煩，不像你媽還跟你可以稱兄道弟，去做一些瘋狂的事。」

我把這話跟朋友說，朋友說孩子會跟父母有距離，是因爲沒有共同的興趣跟嗜好，一旦孩子與父母有一個可以對談的東西時，彼此就會有生活的默契。

朋友說自從跟兒子學玩電玩後，彼此互動增加，才知道過去兒子爲什麼不太跟他說話，現在他跟兒子正在找出兩人的共同點。

要找共同點是必須能站在對方的立場上，這樣比較知道對方在想什麼？需要什麼？

孩子與父母的共同點到最後會發現，就是一種認同與接納，孩子希望父母認同他、接納他，讓他覺得背後有一股支撐的能量，使他可以勇敢往前走。

我跟朋友說，不用多久你們一定會找到共同點，到時可玩的不是只有電玩。朋友很開心的說，他相信快了，因爲兒子竟然跟他講悄悄話了。

孩子在成長的階段，最怕不被父母認同，因爲他會以爲自己不行，進而失去建立自我信心的機會。

自信的建立攸關他未來的人生，記得剛畢業時，有一個同事每次問他事情，他都無法給人答案，問到最後，變成要給他答案，這讓我們很傷透腦筋，後來在深入了解後，才知他從小很少被父母親認同。

孩子喜歡跟可以互動的父母互動，就像人喜歡找一個開朗，聊得來的人在一起，很少人會喜歡跟木訥的人談天，孩子也是，因爲那太無趣了。

10 你是隔代教養的父母？

參加兒子的家長會時，碰到一位家長，這家長比我們這些家長稍年長些，閒聊後，才知道是學生的外婆。

這婆婆年紀雖稍大於我們，但很健談，所以我們就這樣聊了起來。

我對那婆婆說，出席家長會這麼多年，第一次碰到是外婆來，妳孫子一定是很喜愛妳。

那婆婆聽我這樣說，笑到合不攏嘴，她很高興又帶點靦腆說，孫子硬是要我來參加。

我說妳一定很寵愛他，她笑說沒多寵，但從小跟自己生活，所以黏的比較緊。

「原來他是妳帶大的？」我驚訝的問。

那外婆得意的說，從出生帶到國中，國中時回去跟父母住，但住不到一年，說什麼不習慣，硬要回外婆家，他父母沒辦法，又把他送回來，就又住下來。

婆婆說到孫子，嘴上的笑容沒有斷過，「我現在就只照顧他一個，其他孩子的有空就過去看看。」

我笑說這樣其他的孫子會吃醋，她笑說也沒辦法，這個孫子從小住在一起，就照顧習慣了。

後來聊開了，話題也深入，我問孩子的父母親在哪裡，她說住在彰化，他們有空就會上來看孩子一下。

我笑說妳孫子不想父母嗎？她說不知道，很少聽孫子講。講完，她看我一下，「我女兒說在彰化時，一天到晚在念外婆」。

我聽那婆婆這樣說，就對她說妳值得了，婆婆自己也高興的說，沒有白疼。

我看著她講到孫子時的表情，還真羨慕起那個孫子，由於自己是大家族的孩子，孫子輩不是只有我一個人，因此從來沒有感受被阿公阿嬤或者外公外婆疼的滋味，所以我情不自禁對那婆婆說，做她的孫子真幸福。

那婆婆反有點不好意思，「自己的孫子，都嘛是會疼。」

對祖子輩的人來說，確實碰到孫子很少不疼，就像自己的父親把姪女捧在手心上，母親在世時，也是開口姪女閉口姪女，自己孩子頓時都變成不重要了。

當然這開口閉口叫的孫子，都是從小跟在自己身邊的，才會有那種令人忌妒又羨慕的子孫情誼，看著這濃濃化不開的情誼，我跟那婆婆說，你們婆孫的感情勝過他跟父母的親情。

這婆婆自傲的說，「這是當然的，女兒女婿只是蜻蜓點水看孩子，我們則是日夜相處」。

婆婆眼神是充滿著驕傲，我看著這令人羨慕的眼神，我想到小時候的一段記憶，這不知要稱它是「骨肉團聚」，還是「骨肉分離」。

那是鄰近親戚家的事，親戚像那婆婆一樣，幫兒子帶小孩，小孩長到要讀小學了，孩子的父母就把孩子接回去，這小孩因爲從小跟阿嬤生活在一起，所以就哭著說那不是他的家，他不要回去，然而孩子的父母則因爲孩子要上學了，不能讓孩子再待這裡了，強迫孩子要跟他走。

兩方一個要他回家，一個說那不是他的家，在想法不一致下，演出了像八點檔連戲劇的搶子戲碼，後來哭鬧到阿嬤看不下去了，她只好出來哄孫子，叫孫子先跟爸爸回去，明天阿嬤也會過去，在這半哄半騙下，孫子終於上車了。

當然，阿嬤是強忍著淚水送孫子上車，看著朝日相處的孫子從自己身邊離開，那種心痛只有當事人才明瞭。

兒子同學的外婆在這部分是幸福的，孫子選擇同住對她來說，是勝過所有一切，更是無法用金錢去換得的。

親情是無價的，這種無價讓我想到先前有一則新聞，兩個念小二、小三的兄弟，深怕天氣變冷，住在醫院的阿嬤棉被不夠暖會感冒，於是異想天開的從家裡扛了棉被，要送去離家兩公里遠的醫院給阿嬤蓋。

這兩個小兄弟，頂著細雨和十五度的低溫，扛著棉被走在路上，還好被經過的路人看到報警，後來經由警察的幫忙，終於把棉被送到醫院，這行徑被許多人看到，都被小兄弟感動到不行。躺在病床的阿嬤更是不用說，直說沒有白疼。

這種無價的情感，讓那些阿嬤們，做死也甘願。

這個躺在病床的阿嬤，讓我想到一本書──「佐賀的超級阿嬤」，這個阿嬤把貧窮的生活過得非常有尊嚴，讓暫時寄居在他家的孫子昭廣，不只學會到生活的樂觀面，也學會到對事物的珍惜。

兩個小兄弟是被父母棄養，原本要幫他們安置在適合的地方，但小兄弟吵著要跟外婆住，外婆就靠不穩定的看護收入來養他們，他們像「佐賀的超級阿嬤」裡的昭廣一樣，很有志氣的告訴阿嬤說，長大後會努力賺錢，讓阿嬤不用這麼辛苦。

家長會結束後，我與那婆婆道別，看著她的身影，我想到未來，自己是不是也會幫兒女帶小孩？

想著自己未來的生活，我突然記起一個親戚說的話，她說如果將來要讓孫子跟你親近，那就要從小多跟他接近，甚至幫忙帶他。

孩子是直接的，你照顧他，他自然心中就有你，你沒照顧他，他心中也是有你，但那是遠距離的你，我想到自己的孩子是自己帶大，跟阿嬤相處的時間有限，心中雖然有阿嬤，但那種親近感不如阿嬤親自帶大的孫子。

孩子與親人的親近感是由相處的時間決定，過去這個角色都是由父母親扮演，但環境改變之後這個角色也隨著改變，不再是單純的一個人。

這個改變跟以前不一樣，家庭生活模式也大有不同。現代很多的家庭是雙薪家庭，這些雙薪父母自是無暇帶孩子。也有很多家庭是單親的，單親的更是要養家，也無法照顧孩子。所以，現在的小孩很多都不是父母親自己帶大的，因此孩子與父母親的關係，不像以前這麼緊密，孩子對父母的態度，也跟以前不一樣。

很多小孩子的成長過程裡，是沒有父母親參與的，這在過去被認爲是不正常，但現在我們漸漸把它變成常態化，不知是幸還是不幸？

對父母親來說，孩子被親人照顧是很放心，但常常因爲過於放心，所以孩子的情感被祖父母牽動，孩子對祖父母的依賴超越了父母，當然這結果是孩子與父母產生距離。

一旦未參與或參與過少，自然親子的關係也淡泊起來，人與人之間的關係，就是在那份關懷，阿公阿嬤們對孫子的關懷常常勝過父母親，所以被取代的機會也較多。

一旦被取代，想要把它要回來，不是父母親說想拿回來就可以的。很多父母親總認爲自己是生他的，所以父母親最大。但他們忽略或忘了，自己有沒有照顧到自己的小孩，如果自己未付出，孩子怎麼會甘心回饋？

親子的關係不該像做買賣，但卻有許多的父母親，讓孩子做起買賣，最近有幾個名人的母親，在電視上訴苦說孩子不養他，但她從沒想到自己對孩子有盡過責任嗎？有照顧過他們嗎？自己若未盡到責任，小孩怎可能想回饋？

這樣的新聞不只在那些名人的父母身上，事實上，有很多未盡父母親責任的父母，到老了，自己身體不行了，才想到自己有孩子，於是開始以父母的權利要求小孩奉養，這下場常常鬧的不愉快，許多是靠法律解決，而用上法律，這親子關係就更不存在了。

我們常說天下沒有不是的父母，但現在人不像以前單純，很多父母親的行徑實在讓人不敢苟同，因此我們社會出現另一種聲音，所謂「養得比生的偉大」。

這確實如此，生是短暫，養卻是長久。所以父母親如果不願付出，而想直接獲利，這不只孩子不願意，現在連法律都說不行了，所以如果還抱著親情是天生的，自己再怎麼樣對待孩子，孩子還是必須孝敬自己，那可大錯特錯了。

11 你是**權威型**的父母？

在寫完練習卷後的自習時間，有一個向來調皮的小朋友，走過來問我可不可以看課外書。我想，看書是好事，再加上可以讓他安靜，那爲何不答應呢？所以我說如果不影響到別人，是可以看課外書，他聽了很高興地回座位上去，而我則繼續埋頭改作業。

作業改到一半，原本安靜的教室開始有窸窸窣窣的聲音，這聲音本來不大，但不久這聲音像傳染病一樣傳到各角落。我放下手上的紅筆，走到講台前問大家有什麼事？

這一問聲音又不見了，於是我繞了教室一圈，回到後面繼續改作業，作業改沒幾本，這窸窸窣窣聲音又出現，我只好重新先前的動作。這樣來回了三次，教室內的聲音開始停不下來，我就叫班長管秩序。

班長是一個非常盡責的人，他馬上上了講台，嚴厲告訴大家不聽話會有那些懲處，教室頓時恢復安靜。

這班長像小大人一樣，觀察每一個同學做的事，當他發現那個跟我要求看課外書的小朋友，在看課外讀物時，就告訴他自習時不可以看課外書，那小朋友說已經經過我的允許，我當下也告訴班長說是我答應他的。

這小班長就問那小朋友看什麼書？那小朋友說是跟學校借的漫畫書，小班長一聽，馬上拿出導師的班規出來。他說老師說要看課外書是要看教室放的，不可以看別的，於是強制要求他收到抽屜去，那小朋友反駁說老師已經答應了，小班長這時告訴我，這是他們老師的規定，並且問其他同學是不是這樣，台下的同學都說是。既然是班規，我這代課的老師自然不能破壞，所以我說如果是你們老師有規定，那就照規定來。

那位小朋友心不甘情不願的把書收起來，小班長看到他把書收起來後，就清清喉嚨拿起麥克風對著全班說：「我們看書，一定要看又意義的書，要看有建設性的書，這樣才可以增長知識及智慧，如果看那些沒意義的書，不只不會長智慧，同時是浪費時間的，所以大家以後不要看那些沒建設性的書。」

我坐在後面，被他突來的演講嚇到，我看到他一副小大人樣，說出來的話簡直比大人還像大人。他的話說完，班上沒有人敢講話，他又用眼睛掃射全班，那副架式，簡直像極了極權國家的威權領導，我在後面想笑又不敢笑，但我完全被他打敗了。

我看著他在講台上的「威嚴」，瞬時突然很感慨起來，堂堂一個老師，竟然不如一個低年級的小學生，他的一句話，勝過我講五句話，我心想，這是什麼世界？

結束代課，我把這事跟朋友分享，並把小朋友的動作表演給朋友看，朋友看完大笑，他覺得這位小朋友「太神」了，他笑說我完全被這小朋友的架式比下去，以後就讓他當老師好了。

我說他給我上了震撼教育的課，真的是太厲害，不知這是老師教的好，還是父母教的好。

朋友說那一定是在家裡學的，常說「有其母必有其子」，相信他的父母對他的期待一定很高。我說每個父母都嘛對孩子期待很高，朋友說就「行爲模式」的分析，他的父母一定常跟他講這套理論，否則一般小孩子，還不至於會有這樣的想法跟概念。

我說搞不好小朋友是天才，他的智慧比人家開的早。朋友說，智慧即使開的很早，有些思維還是跟父母學習。

朋友這話，引發彼此的好奇心，我們兩人像在拼圖一樣，想拼湊出這小朋友的父母。拼湊到最後，朋友說看小孩子的行爲覺得很可愛，也覺得很有趣，如果這個行爲放在大人身上呢？

這個觀點讓我們停止玩拼圖遊戲，我說如果是大人，那就會進入威權時代，全家將陷入恐怖陰影。跟朋友說完，我腦中出現一個臉孔，那是同學的父親。

有一次幾個同學到那同學家做功課，到吃飯時間，同學的母親很客氣的留我們吃飯，我們在拒絕不了的情況下留下來吃飯。

吃飯時，只見同學眼神飄浮不定，一直往他父親那邊看。他父親從上桌跟我們打了招呼後，就沒再跟我們說話，他蹦著一張臉，臉上沒有表情但偶而會皺個眉，這時同學的母親會趕緊問他，是不是菜有問題？

同學的父親這時會把眉頭皺得更緊，用手指一下菜，她母親馬上把菜拿到離她父親比較遠的地方。

她母親這餐飯很忙碌，一下要顧我們，一下要顧同學的父親，我看她幾乎沒怎麼吃。直到同學的父親離開了餐桌，我看她臉上神色緩和起來，才吃的比較多。

回到同學的房間，我們對同學說因爲我們來，讓她媽媽無法好好吃飯，真的很不好意思。同學說妳們沒來，我媽也是這樣，她的話讓我們都瞪大眼睛看她。

同學說妳們沒看到我爸的樣子嗎？像員外一樣要人服侍，我們聽同學講完，紛紛點頭，把剛才在餐桌上的疑問及好奇都說出來，同學說他們家很少大家坐在一起吃飯，今天要不是有同學，她絕對不在餐桌吃飯。

我說全家不坐在一起吃飯，難道是各吃各的嗎？同學說他們家就是這樣，我說這不是很奇怪嗎？這不像一家人，很像分租的室友。

同學說每次看到父親繃著的臉就倒胃口，再加上看到母親小心翼翼的服侍就很生氣，她說這是什麼時代了，還要講派頭，什麼時代了，還以爲自己是皇帝。

同學越講越生氣，她說她父親是十足大男人主義，全家必須遵從他的想法，一旦不聽從，就大罵亂發脾氣，甚至斷絕金源，讓他母親生活是有一餐沒一餐的，她說自己長大一定要離開這個家。

我對朋友說以前同學家就出現「老佛爺」，讓她發誓長大後要離家出走，朋友說，她有一個同事的媽也很厲害，一個眼神下來會把人殺死。

朋友說她同事稱她媽是「威權時代的產物」，她只要一個眼神，全家的人都不敢動。那個同事說平常還好，如果做錯事那可就慘了，打罵是一回事，後續變成罪狀那才叫恐怖，她會讓你像刺青一樣，永遠記得自己做錯事。

爲怕變成罪狀，那個同事說她在家有一個做事原則，就是「多做多錯，少做少錯，不做不錯。」

我說這不是誰說的公務人員心態，朋友說總比做錯事被修理還好，我想想也確實如此，有誰願意一直被揭瘡疤。家本來是一個避風港，搞到最後反而變成一個不想回去的地方。

朋友說很多父母親都錯把權力當作管教小孩子的法寶，認爲只有這樣孩子才會聽話，結果反而是把家裡搞得烏煙瘴氣。那同事有能力後就搬出來自己住，同事說再住下去，她連處理事情的能力都沒有了。這一定是的，想想看一天到晚被「摧殘」，再堅強的人也會受不了。

我說這就像電視上常演的「強勢長輩」，自以爲是長輩就亂用特權。亂用的結果，就是讓家不成家，當家不成家時，孩子自然遠離身邊。

朋友說我電視看太多了，不過真的也是這樣，過多的權力會讓人腐化，過多的強勢會讓人想逃避。朋友說到最後，笑說還是看小孩子比較可愛，那個小班長不知道如何建立他的權威，但能讓班上同學願意聽從，這點還真的非常佩服。我笑說下次如果有機會，真的要拜他爲師。朋友說別忘了叫小班長也要收他爲徒。

12 你是斤斤計較型的父母？

一次在市場買菜，旁邊剛好站一對母女，不知是母親買菜買的太久，還是小女孩想早點回家，總之女兒不斷催促母親快點。

母親被催的不耐煩，說「叫妳不要跟，妳就是愛跟」，說完又繼續挑她的菜，女兒安靜了沒多久又開始叫母親快點，母親這次沒有講話，依然淡定的在挑她需要的菜。

女兒看到母親不說話，就對母親說，妳拿起來又放下，放下又拿起來，這要挑多久？旁邊的母親動作繼續，低頭回女兒說，「菜當然是要挑好的。」

女兒對母親說，「我知道要挑好的，但妳也挑太久了，如果把所有好的都挑光，那後面的人要挑什麼？」

母親聽到女兒說的話，沒有再表示什麼，仍低頭挑她的菜，但一下子就跟女兒說，我們去結帳。

站在旁邊的我，本來如那位媽媽一樣，想挑最好的買回家，不小心聽到這女兒的話，手也不好意思再翻了，就用目測大概拿了一點。

在回家的路上，看著手上的菜，我想到以前在當背包客時，有一次在倫敦街頭閒逛，無意中發現有一間超市，就很好奇地進去參觀，超市有一區是賣水果的，我因爲很多天沒吃水果了，就想買一些水果解饞。

我在攤前看到幾個英國人在買水果，他們先是站在那裡看，看一會後就在那裡挑，不過他們只挑上面的，跟我們從上挑到下、從下又翻到上不同，我看到他們拿到水果看一看，滿意的就放在推車上，然後去結帳。

當我看到他們的做法，自己也「入境隨俗」有樣學樣，照他們的方法買東西，回到自己國家後，我也「入鄉隨俗」有樣學樣，從來沒去想這中間的不同。

回家後，我跟孩子說這件事，女兒連思考都沒有就說「人不爲己天誅地滅」，女兒笑說我們就跟「蠟筆小新」的美冴一樣，貪小便宜又愛計較，每次都在爭那芝麻綠豆的事。

我說生活本來就是一些瑣瑣碎碎的事，女兒說就因爲都是瑣碎的事，所以才讓人覺得妳們這些婆婆媽媽氣度小沒修養。

女兒的話像針一樣刺的很深很到位，我說妳把媽媽們想成這樣嗎?女兒說不是想成這樣，而是妳們常常太在乎自己的得失，這就像美冴一樣，到最後得不償失。

我想到「蠟筆小新」的美冴，也就是小新的媽媽，常常會做一些事情，結果是偷雞不著蝕把米，旁邊的兒子小新看在眼裡，常常拿這些事來虧他的媽媽，甚至最後有些變成是小新跟母親談判的籌碼。

我說不管是大人或小孩，總會有自己喜歡的東西，做家庭主婦不容易，自然會想從東牆或西牆省些錢下來，然後再把這些錢買自己喜歡的東西。

女兒說是這樣就好，只是有些人貪小便宜過頭了，讓人覺得很厭煩，女兒的話讓我想到有一次跟她一道上市場，正巧碰上兩位「歐巴桑」爲一樣東西在吵，但是事後她們誰也沒有買成那件東西。

看到那兩位最後都沒有買到，反讓一群人覺得是小題大作，當時旁邊就有一位阿嬤說，退讓一步會怎麼樣呢？退讓一步或犧牲一下也不會少塊肉。

阿嬤說的話，得到眾人的喝采，只可惜大多數的人都不喜歡少一塊肉，所以我們才要去爭取。然而事實上，即使爭取到了，也沒有多一塊肉，我們只是不喜歡輸的感覺。

因爲不喜歡輸的感覺，所以我們學會要拿，因爲拿到東西表示自己比別人強，所以我們喜歡別人拿不到而自己有辦法獲取的東西。

女兒說我們是爲自己。我們確實是爲自己，當我們用便宜的價格買到A級貨時，我們可以很大聲的告訴周遭的人我們多有辦法，當別人用羨慕的眼光看你時，這是何等榮耀的事，至於用同等價錢買到次級品的人，那是你運氣不夠好，下次請早抓住運氣。

我們常認爲花自己的錢，是光明正大不偷不搶的，爲何不能拿到最好的東西？既然是光明正大，所以我們有權利選擇，既然有權選擇，那如何選就是自家的事了。

當我了解到我們的權利時，我想到一位已經往生的鄰居。

一次回家上樓時，看到隔壁的阿嬤鄰居，扶著樓梯上上下下的走來走去，我問她是不是在找什麼？她說不是，是在擦扶手，她說扶手很髒，小孩子每次都摸著上樓不好。

這棟樓只有我的孩子跟她的孫子，但她的孫子不在台灣。我當下非常感動，直跟她說謝謝。

她說有什麼好謝的，現在還可以上上下下走來走去，就當作自己在運動，這是幫助自己，也是讓自己找到運動的藉口。

阿嬤有權利選擇，但選擇的結果她不是受益人，而受益人是我這個跟她沒有血緣關係的陌生人，這讓我很不好意思，後來我接下她的工作。

當我接下她的工作後，原本以爲阿嬤可以不必這樣危險的上上下下，但有一次假日，我看到她拿著掃把吃力的慢慢的一階一階掃，從五樓掃到一樓然後掃地下室。掃完後，又吃力地爬上樓。

此時我才知道這棟樓沒有管理員，但卻隨時保持乾淨的原因。

我再度接下她的工作，當我跟她一樣從五樓掃到一樓時，看到樓層變乾淨，我想到她說的話，「乾淨看起來真的很舒服」，沒錯，真的很舒服。

我跟女兒說，人的一切想法都是站在自己的立場先想，所以美伢的動機，不是只有她一個人會，因爲大多人的看法是一樣的，所以當她去搶奪廉價品時，同時也有很多人去，結果又是另一個搶奪的戰爭。

女兒笑說還好我們沒有收集的習慣，否則雖然獲得一些物超所值的東西，但卻把自己跟其他人搞得人仰馬翻，這代價不小。

我想到美伢一天到晚在收集優待券，當然這是商人的促銷手法。只是人一旦習慣貪小便宜後，很多想法都會隨之改變，我們就變成等待他人付出的人了。一旦我們變成「伸手牌」，我們會越習慣跟人拿東西。

付出是不容易的，但真的付出也不會有什麼損失，藝人周思潔說她從負債人生中體會的一件事，就是付出。她說她去買東西時，從不跟人家討價還價，結果是人家並沒有算她貴反而便宜，且有時還附加一些東西給她，她說她因此獲得的更多。

女兒說我們像美伢時，我們確實是把家庭主婦這個角色表演的很好，但我們卻變成讓小新更有機會虧我們，甚至增加他更多的談判籌碼。

如果是這樣，那我們的角色扮演成功，卻是教壞小新，讓小新更知道如何掌控大人，這好像不是很好。

不知道英國人買水果的想法和心態是什麼，我想到我們會告訴人，要懂得分享，但真正碰到要分享的時候，卻又常常忘記分享。

女兒笑我記憶力差，或許我應該要強化自己記憶力的功能，讓自己的記憶力在適當時機，發揮它真正功效，這樣就不會像美冴一樣，成為小新的嘲笑的對象。

13 你是電視機前的父母？

先前網路上流傳一段影片「我媽爲了看三國，太瘋狂了」，影片中的這位媽媽爲了跟女兒搶電視，瘋狂搥牆頓足，狂喊「我要看三國」。當她女兒沒有反應時，她又拍牆狂叫「妳不給我看《三國》，我砍妳的頭！我告訴妳、還有你，老爸，你們都是同一國的！馬上要看《三國》…。」

我把這個「激動媽」的影片給女兒看，女兒笑說太誇張了，我說可能劇情正精采，所以才會如此「著急」。女兒說看她的表情自然生動，應該是個好演員，沒叫她演戲真的很可惜。

看完這「激動媽」的影片，自己不太敢笑，因爲有時自己也是會沉迷在電視裡頭，只是沒像「激動媽」這樣誇張，自己是會受劇中對白影響，而讓心情變得很沉重，甚至會因劇情想到很多，讓自己陷入低潮拔不起來……女兒說我無病呻吟，朋友說我不愧是唸文學的。

之前看大陸劇「步步驚心」就是這樣，我常被劇中的對白感動，一旦感動，就不自覺得自己編起劇本來，我會想到「如果」是這樣子，若曦會面臨怎麼樣的情況，這情況對若曦是不是好？「萬一」碰到這樣，若曦怎麼辦？這樣下去，若曦該如何面對她的下一步？

編完若曦的劇本後，就會想到現實生活中的人生際遇，想完後，又再把問題提升到人生方向，我會想到人生該如何選擇？我們的人生是要這樣走，還是要那樣走？當這些不能解的問題，在腦中不時徘徊後，一堆負面的情緒就不自覺的上身。這一上身，心情難免不好起來。

雖明知心情會變不好，但還是繼續看，繼續難過，甚至反覆聽主題曲，對主題曲「三寸天堂」更是迷戀到不行。

當「這條路我們走得太匆忙，擁抱著並不真實的慾望，來不及等不及回頭欣賞，木蘭香遮不住傷，不再看天上太陽透過雲彩的光，不再找約定了的天堂，不再嘆你說過的人間世事無常，借不到的三寸日光，停在這裡不敢走下去讓悲傷無法上演」，我想到若曦的情感，心情就像她一樣沉重。

每次聽歌，就似乎若曦在我面前陳述她的無助及悲淒，我會不時想到「琵琶行」裡那彈琵琶的藝妓，「低眉信手續續彈，說盡心中無限事」，然後開始「輕攏慢撚抹復挑，初爲霓裳後六么，大絃嘈嘈如急雨，小絃切切如私語，嘈嘈切切錯雜彈，大珠小珠落玉盤。」琵琶聲聲訴衷曲。

這歌詞讓我想到很多人，這些人常不時會碰到生命中許多不可承受之輕，雖是不能承受之輕，但面對現實的環境，還是必須含淚吞下，因此讓我覺得人生是如此的無奈和悲哀。

靜下來時腦海常浮現若曦影像，想到她處在八爺與四爺間，她面對的不同的感情負擔，這是多淒涼。此時藏在身體的敏感神經會出現，思緒裡不自覺想到元好問的「問世間，情是何物？直教生死相許。」，而這萬世代無法處理的問題，在字裡行間深深的表現出來，更是讓自己的心情雪上加霜，把自己拖到谷底裡去。

在看這齣戲之初，本來以爲這種屬於「少年的不識愁滋味，爲賦新詞強說愁」的特權，應該不會發生在人生已近半百的人士身上，因爲歷經風霜後，會是更理性更成熟，對這「爲賦新詞強說愁」的愁滋味是可以免疫的，但無奈我的抗體太弱，敏感神經太強，雖然人生已過了半百，卻無法對人世間的喜怒哀樂釋懷，依然跟著年輕人惆悵起來，心情竟然是隨著劇情浮浮沉沉，日子也隨著這浮沉而悲鳴起來。

我發覺自己心情的起伏，常是被若曦一句話感動而來，這一句話牽動起我的敏感神經，敏感神經觸發到過去那種自認是「文人」的情感，於是兩個脆弱的心碰在一起，那簡直是比李清照的愁還要愁。

我明知這種愁會傷身，但自己好像是自虐狂及吸毒犯，欲罷不能的深陷下去，而當自己沉浸在哀愁的世界時，會有一種寂寞感，這寂寞感就像若曦一樣，不知向誰訴說。

當我被若曦牽著鼻子走時，女兒跟我說話，我聽不到，兒子跟我說話，我也聽不到，他們的話只剩下輕輕的聲音，在耳朵旁微微的出現，內容物完全是有聽沒進，女兒說我已經「出神」了所以懶得理我。

沒有人理我，我就更靠近若曦了。那種沉迷是一種欲罷不能的感覺，有時感覺自己想用悲情來療傷，有時又是因爲悲情而陷入更悲情的情慾。

總之，就是在這悲憫的情境裡，讓自己憂愁起來，讓自己變成一個更有情感的詩人。

當自己像若曦一樣放不開胸懷時，看到的東西就不是彩色的而是黑白的，當東西變成黑白時，自然很多事就提不起勁，提不起勁自然就慵懶起來。

女兒說我中毒太深，我說是因爲在研究別人的劇本。女兒說，研究別人的劇本有需要投入這麼深嗎？

這話讓我想到自己剛開始看的目的，當初我告訴孩子說，爲了讓自己有更多的寫作題材，因此要多學習別人，沒想到，我的學習變成沉迷。

這沉迷我才知道，自己活了這麼久，心性修養根本沒有進步，我對事物敏感的反應，竟然還是如年輕時一樣。

女兒說我不長進白活了。朋友說不錯，還可以保有赤子之心。

不管是不長進還是保有赤子之心，我發現一個人會被事物感動也不錯，會感動就表示有感情，而人與人之間的互動，就是靠感情維繫。

當自己有過「沉迷」的經驗後，我才明白到愛看八點檔那些戲迷的心情，這中間我體會到生活的需求性，人有時候必須在生活中，找到一個心情寄放點，來讓生活變得有重心。

當然生活的重心點不能只有一樣，畢竟一天有二十四小時，過少的重心，反而會造成生活中的一個與人相處的障礙，因爲人會過度依賴這個重心點，而疏忽到生活中的其他事物。

記得自己在沉迷「步步驚心」時，很多事物根本沒有放在心上，生活有些失序，失序就容易脫軌，一脫軌就容易出問題，還好自己的孩子已是青少年，會做判斷，因此對於我的「暫時性」失心瘋沒受影響。

朋友笑說我幸運，她說以前流行「台灣霹靂火」時，她鄰居的小孩真的拿起火柴，像主角劉文聰說的「我若是不爽，我就想要報仇」、「我若是不爽，我會送你一桶汽油、一枝番仔火」，把全部的人都嚇壞了。

我記得當時配角「劉文聰」，比主角還要紅，他的話變成流行語，朋友說鄰居父母親開玩笑講講，但是哪曉得孩子聽不懂這開玩笑，還把它當真，朋友說那些編劇真的厲害，把人的心都帶走了。

我也是有同感，編劇把人性看透了，因此編一些讓人看了會上癮的戲劇，我對朋友說，還好我只是在自己內心沉迷，沒有訴諸在言語上，朋友笑我只看到別人沒有看到自己，她說行動也是一種傳遞。

這話點醒夢中人，孩子的學習是不分言語跟行動的，在潛移默化中，這些都會進入孩子的意識裡。想到有一次自己正爲若曦哀愁時，女兒跟我說她對人生沒有期待，她已看透了，我被她的話驚嚇到，當時我說妳才幾歲？妳老媽活了半世紀都還沒有看透，妳小小年紀怎麼會有這樣的想法？她說看我的人生大概就知道了。

現在回想起來，如果我沒有覺醒，克制力不強，女兒或許跟我一樣陷入自我的悲鳴裡，所以要孩子學到好的或壞的，自己的克制力了好不好還真的很重要。

我不知道「激動媽」，還有沒有再被其他電視戲劇牽動，我自己在戲劇結束後，那所謂「多愁善感」的情緒也不見了。後來我又喜歡上「後宮甄嬛傳」，這次不是悲愁，而是亢奮。

因爲那讓我想到太多現實生活中的爾虞我詐，然也因爲現實生活中有太多的情節，與後宮生活沒兩樣，因此我變得很理性在看這齣戲劇，後來我從這戲劇裡，完成一本書，「後宮職場生存術」（用筆名葉楊發表），這書讓我體悟到生活是一種態度，態度的好壞攸關個人的未來人生，當然也影響到孩子的價值觀。

14 你是**火爆型**的父母？

有一次手機連續留下三個未接的陌生電話，這三個電話都是同一個號碼，我未加思考的就回撥回去，接電話的人一聽到我的聲音，馬上問我知不知道她是誰，我一時之間反應不過來，也確實沒聽出對方的聲音，所以就老實說想不起來。

對方愣了一秒，馬上又接下去說，這也難怪，好幾年都沒有聯絡，自然會不記得。她的話越多，喚起我的記憶，因此她話未講完，我就搶著問她爲什麼換了電話也不說，她知道我記起她後，很高興的謝謝我還記得她。

我笑說這是什麼話，又不是闊別幾十年，而且我還沒得老人癡呆症。

朋友也笑說她自己沒得失憶症，所以腦中還記得我的電話號碼。

跟朋友差不多有三年沒聯絡，所以我問她為什麼突然搞失蹤。她說她不是搞失蹤，只是暫時隱形。我笑說隱形太久不怕藥性失效，恢復不了。朋友笑說她用的是特效藥，所以沒這問題。

我問爲什麼又現身？朋友說孩子要念大學了。我一聽叫了一下，直覺地說怎麼這麼快，朋友笑說我自己的孩子不都已經念高中了嗎？

我被她這一講，真的是看別人養孩子覺得比較快。她對我的話很認同，後來在閒聊中才知朋友爲什麼隱形。

我問現在孩子呢？她說彼此已經修復好關係了。

掛上電話後，想到朋友的先生，在印象中他還滿親和的，我很難想像一個有親和力的人，會像火山一樣的爆發。

朋友說她也不知道先生這面的個性，我想到朋友說的那個場面，一個暴跳如雷的父親，跟一個正面臨青春反逆期的孩子，兩個人激盪出來的

「火花」。朋友說她當時真的嚇壞了，我說如果是我，也會跟她一樣的反應，一個是氣到幾乎要殺人了，一個是拗到什麼都豁出去，簡直已經殺紅眼了。

朋友說現在想想，雙方就是爲個面子，她先生認爲小孩不可以頂撞大人，小孩則認爲有理由爲什麼不能解釋，兩個就因爲想法不同槓上，朋友說這本來不是什麼大事，但她先生火氣上來就阻擋不了，叫小孩子滾出去，說什麼不要養一個忤逆大人的孩子，小孩則不想看到一個不通情面的父親，就這樣離家出走。

這一走卻是苦了她這個老媽，趕緊出去找孩子，孩子雖然是找到了但堅持不回家，做母親的沒辦法，只好幫他租一個房子自己兩頭跑。

朋友說這三年忙著做和事佬，心情低落到不行，爲怕家醜外揚，都不敢跟人說，剛好手機又不見，就這樣與外界「隔絕」了。

現在孩子大了自己會想了，而先生也不再堅持自己的觀念，所以兩個人終於和好了，現在兒子已經搬回家住。

聽到朋友闔家又和好，心裡真的替她高興。我跟朋友說，還好他們都願意放下身段，否則妳不知道還要「周旋」多久。

朋友感嘆的說，人真的不能逞一時之快，她先生嘴巴說這樣，但是當孩子真的搬出去，卻比我還要緊張，但礙於面子又不願低頭，因此常常叫我去看兒子。兒子也是，對於自己的舉動也很後悔，卻不願開口跟父親道歉，兩人就僵在那裡，誰也沒有得到好處。

一時的口舌之爭，讓我想到女兒小學時的一個同學，這同學的母親就是逞一時之快，想把孩子趕出去。

一天晚上，那同學的姐姐突然打電話到我家來，聲音急躁又不安的對我說，「黃媽媽，我妹妹可不可以在妳家住幾個晚上？」

她可能太急了，沒有自我介紹，所以我不只被這話嚇一跳，也被人嚇到。

「請問妳是誰？」我自然的反射動作。

「我是嘉嘉的姐姐。」

「嘉嘉！」我一聽這名字，心裡就踏實了，她是我女兒的同學，來過家裡兩、三次，因爲知道這個人，就隨即問她「發生什麼事？」

「我媽要趕走妹妹，她現在沒地方去。」對方的聲音哽咽的快哭出來。

「要趕走一個小學生？」我很難置信，「妳媽要趕走她？」我重複她的話，順便確定自己有沒有聽錯。

「嘉嘉剛才跟媽媽吵架，手不小心推媽媽一下，媽媽認爲嘉嘉要打她，所以氣得要趕走她。」

姐姐的話，讓我當下傻眼。我說妳母親是開玩笑的，姊姊說不是，是真的！這下我更是驚訝「媽媽知道她要住在我家嗎？」

「不知道！」姐姐的聲音聽得出來是很擔心加害怕。

而我心裡不只震驚更是不解，一個動作就要把一個小孩子趕出家門？而且是在晚上？雖然對嘉嘉只有幾面之緣，也不知道她姐姐爲什麼會打電話給我？但我不忍心看到一個小孩夜宿外頭，就跟她說「住幾天是可以，我可不可以跟妳媽說一下，讓她知道嘉嘉住在我家，這樣她可能比較安心。」我用一個母親的心去理解另一個母親的心。

「好！但是我媽現在很生氣，可不可以等一下？」姐姐知道妹妹已經有地方去了，心裡的石頭放下聲音也緩和起來。

掛完電話，心裡頭有千萬個疑惑，問女兒，她說她怎麼會知道。對一個小學生來說，確實不會知道別人家發生什麼事。這突如其來的問題，打亂我原本平靜的心，我知道問題不是自己可以解決的，必須與當事者做了解後才能把問題釐清。

過了一段時間，姐姐打電話說可以跟媽媽說話了，我聽到另一頭已經拿好電話，於是先跟對方自我介紹，並表明小孩可以在我家住兩、三天。

「兩、三天？」另一頭傳來驚訝的聲音。「不是兩、三天，是兩、三個月。」

這時換我一頭霧水，怎麼兩方陳述不同，我把剛才從姐姐那得來的訊息，簡述重點的跟對方說。

「我要到大陸出差，一時之間無法回來，所以需要把小孩寄託在別人家……」對方把前因跟我說，我聽完後，很清楚知道這中間一定有問題，所以我委婉得跟她說這麼久可能不方便，於是雙方在無共識下結束電話。

掛上電話後，我實在是放心不下，又打了電話過去給姐姐，告訴她如果妹妹真的被趕出去，就來我家。

第二天上學前，我特別交代女兒多注意她，並且告訴女兒跟同學說，有任何問題可以到我們家來。

我一直擔憂這件事，更擔心這小孩，因此在事件後，我決定跟班導師詢問，並把事情跟她說。在跟老師了解之後，才知道這個母親無法面對離婚的事實，動不動就發脾氣趕孩子出門，獲知這個小孩常深夜逗留在外頭，我心裡真的是難過到不行。

老師知道這件事後，比以前更關切到學生畢業，我沒有再接到電話，她也沒來我家玩。有一次在住家附近，被一個少女叫住，我剛開始認不出來，尷尬的笑一笑，她跟我說她是誰，我才恍然大悟。分手後，我想到女兒的其他同學，我都可以認得出來，唯獨她變得太多了。

每一個人都有情緒，如果情緒的發洩是這樣，那要小孩變好真的很難，很多父母親常常把自己的不幸加諸在小孩子身上，毀了他的人生，然後再告訴他，很愛他，這是很自私的行爲。

人生好比是一個接力賽，一個影響一個，所以傳棒的人傳得不好，下一代就接得不好，這不好的因子像種子一樣一直散開，影響著一代一代的生活。所以父母親無法把好的東西傳給自己小孩，小孩就學到不好的；父母親現在是什麼樣，未來你的孩子就是你自己的翻版。

15 你是**潔癖完美型**的父母？

朋友一直邀我去她家走走，我每次都是口頭答應，但行動上卻沒有執行過。朋友很不滿，有一次在見面時「強押」我去她家，到了她家後，我變得很拘謹，朋友消遣我，說她家有刺讓我渾身不自在，我跟她道歉，說心病有時很難醫治。

朋友聽了大笑，說我天不怕地不怕的好奇寶寶，竟然有心病，她覺得這是她聽過最好笑的笑話。我對朋友說人總有過去，難道她沒有過去嗎？朋友聽了，笑說她的過去一定沒有像我這樣好笑。

我想想也是，跟朋友說有時小時候的經驗，會讓人記憶很深，也因爲太深了，所以無形中影響到日後的行爲。

朋友對我的話很贊同，她說小時候記憶最深的是作業本，她的作業本常換新。我笑她說小時候一定很會搗蛋，才會被老師罰抄寫。

朋友說剛好相反，她小時候乖的像什麼，她會常換作業本不是她的因素，而是她的母親。

我說妳母親一定希望妳多練習，朋友說如果是這樣就好了。我說很多父母都會對孩子這樣的要求，難道妳母親不是嗎？

朋友說她母親有對她要求，只是方向不同。我說她一定寄望妳很高，才會比較另類。

朋友笑說如果是另類教學也好，偏偏不是。朋友叫我看她家，我於是像掃描器一樣，四周掃描一遍，掃描完我跟朋友說，妳是好的家庭主婦，把家裡打掃的「窗明几淨，一塵不染，有條不紊」。

朋友看我連用四字言，就說她的痛苦就是在太愛乾淨了。我說這不是很好嗎？有很多家庭主婦都做不到，朋友看我一眼，「妳知道嗎？愛乾淨也是一種病，這個病有時連家人都無法接受。」

朋友的話勾起我小時候的記憶，我跟朋友說有一次跟同學到她的親戚家玩，那親戚還好，但是那個親戚的長輩就讓我們這群小孩渾身不自在。

親戚嫌我們這群小孩太吵了，把我們趕到樓上去。我們到樓上後，這長輩也跟上來，我們這群小孩像好奇寶寶一樣，對親戚一些擺放的東西非常有興趣，不時會想去觸摸一下。剛開始這長輩說，看東西可以但要放好，所以我們就大膽的拿在手上，看完也小心翼翼的放了回去。

然我們發現每當我們觸摸完，就看到這長輩會拿抹布擦一次，我們移動的東西，她不只擦而且還重新擺好，我們看到她對我們摸過的東西，每樣必會重擦一遍。這舉動讓我們緊張起來，後來就不再看東西，大家乖乖坐在椅子上。

坐久了，其中一個同學覺得無聊，就順手拿旁邊的一本雜誌看，她翻了幾頁，又隨手放回去。同學一放回去，那長輩又過來把雜誌擦一擦，然後依照她的放法，把封面朝上，我們看了長輩的動作，大家就不再動任何東西。

午飯後，親戚切了大西瓜出來。我們看到大西瓜，就迫不及待的拿起來，正當我們正要吃時，這長輩說西瓜汁會流滿地，叫我們坐在地上吃，於是我們每人拿了一片，圍在地上，沒想到這長輩也蹲下來，她看到誰西瓜汁流下，或者籽掉在地上，她就馬上擦。大家吃了一片之後，沒有人想再拿第二片。

我告訴朋友，看到她家太乾淨，就自然想到小時候的經驗，也想到那長輩，這一想就讓自己有些坐立難安。

朋友笑說，原來妳是因爲我家太乾淨了。

我說太乾淨了，就會擔心不小心弄髒，到時妳會不會像長輩一樣，在我面前擦東西。

我告訴朋友那長輩不只有潔癖，還有完美到不行的個性，她要求東西一定要放在她認可的地方，所以我們做的都不符合她的標準，也不符合她的要求，因此每樣東西她都要重新放過。

朋友舉手發誓說，她絕對不會在我面前擦東西，我笑說如果妳真的在我面前擦拭，我可能不會像小時候該乖乖坐在椅子上，而是起身就走。

朋友說她的母親每天盯著她寫字，心情好時看每一個字都好看，心情不好時，看每一個字都很難看。

我問朋友她母親心情好比較多還是不好時比較多？朋友說當然是不好時比較多，否則就不會一天到晚換作業本。

我好奇問她小時候是不是很皮，不然她母親怎麼有這麼多氣好生？朋友說才不是，她小時候乖得很，她母親不是對她生氣，但發洩的對象卻是她。因爲她父親喜歡在外面拈花惹草，她母親爲此常跟父親吵架，吵完之後，她母親就把氣發在她身上。

朋友說她母親心情不好時，不會對她大聲叫罵，但每次坐在旁邊看她寫字時，就一直說她的字這一筆寫得不好，那一筆又怎麼樣，有時看一下，就把她的簿子搶走，當場撕毀，心情好時就一直讚美她的字很漂亮。所以小時候，如果看到母親一直在擦拭東西或者拖地板，就知道晚上不好過。

母親生氣時候，就開始打掃，這就是爲何她沒有對我大小聲的原因，她把不滿的情緒先抒發在清潔上，以致她不像有些老公外遇的太太歇斯底里的。不過因爲她用打掃抒發情緒，漸漸就變成潔癖。

有了潔癖，對很多髒的東西就看不慣，也因此更加拉遠跟父親的關係，我們也因爲怕她生氣，生活就戰戰兢兢起來。

朋友說戰戰兢兢的生活，結果她也有潔癖了，「我先生跟孩子說，如果我再這樣繼續下去，他們可能要住到精神病院去了，因爲快被我逼瘋了。」

我說難怪妳有潔癖，還好不像那個長輩，她讓我自己覺得做錯了事。

看到朋友的「遭遇」，我想到在孩子小時候，有一次帶他們兩個去公園玩時，在公園碰到的一個媽媽，我們在閒聊孩子的管教時，她就說孩子不能太保護但也不能太嚴厲，我以爲這是普通的對話，所以就附和說，「對啊，孩子太保護以後累死老媽」，她聽我講完之後，就用更嚴肅的口語跟我說，教育孩子不是兒戲，更不是用自己的心情去管教。

她講完之後，態度也嚴肅起來，讓我一下有點尷尬，我一時不知該如何接話。她用眼角掃了我一眼說，有些父母自己過得不好，就把氣發在孩子身上，有些父母則是自己做不到，就把責任推給孩子，讓孩子去完成父母自己的夢。

我看她嚴肅的態度，也就嚴肅起來回應她。她看到我的態度轉變，話就越說越多，說到最後，她說自己的母親，就是那種把夢想寄託在孩子身上的那一種，她說如果母親的夢想是她可以做到的就好，偏偏那是她做不到的。

她的母親爲了完成她自己的夢想，從小就很嚴格的管教她。嚴格到幾乎是要把她打造成完人，她從小不准我做這，不准我玩那，字寫得不好看或者不滿她的意，不是擦掉重寫，就是把簿子撕掉，所以小時候她被母親極度的精神虐待。

母親對她的要求是十分，也就是滿分，但有誰可以做到滿分？她自己也做不到，所以後來她比較大時，就開始反抗母親，直到她可以獨立，一獨立她就搬離家。

她講完後停了一下，現在想想，如果母親當初不對她這樣的要求，母女關係就不會這麼僵，那她跟母親就有很多的相處機會，可惜不是。

她說後來提早離開家裡，讓她嚐盡很多事，因此她對孩子的管教，絕對不像她母親那樣。說完後，她很專注的看我，「管教孩子是可以的，但千萬不要不理性。」說完，她把目光轉移到前面，看她自己的孩子跟我的孩子。

我跟朋友說，小時候被長輩過度的潔癖嚇到，讓我變成很不喜歡去別人家，妳則是因爲母親的管教，變成那個我很怕的類型人物，這是上天特意安排的嗎？

我們兩個都笑了。

我半開玩笑跟朋友說，叫她回到人間生活，因爲人間生活「有點亂，又不會太亂」，這比較符合人性。

朋友笑說，她是被扭曲出來的不良作品，很難回到人間。我說只要放寬標準，就可以自由來回進出人間。

朋友說潔癖不是放寬標準就可以達到，很多人即使標準很高，也做不到像她這樣的「水準」。

朋友特意強化「水準」這兩字，我聽了不禁笑了起來，對於她說的「水準」我是領教過。也因爲領教過，我跟朋友說，那就把標準往下調降到人間標準，不然身邊的人很難生活在一起。

16 你是責罵型的父母？

有一次看本土八點檔連續劇，剛好有一幕是一個女配角在罵人，她霹靂啪啦開罵，罵得很快也很順，讓人對她的罵功嘆爲觀止。

這場景讓我想到小時候，在學校附近看到一個歐巴桑。不知道她爲什麼生氣，看到她時見她用手東指西指，三字經、五字經朗朗上口，旁邊的人都沒有出聲。她罵了一段時間，大概累了也發洩完畢，就進屋子裡去了。

這樣的場面常會出現在歐巴桑身上，小時候不知道爲何原因，長大後慢慢才知道，那歐巴桑因爲與我們這邊的人語言不通，對別人說的話很敏感，總以爲別人罵她，因此也用罵來反擊對方。

搬來這個小地方，想說自己脫離了吵雜的都市，可以安靜享受寧靜的生活，這裡白天除了聽到學校的鐘聲及學生下課後的吵鬧外，確實很安靜。而對於學校傳出來的聲音，我覺得那是生活的一部份。遠遠傳來小孩吵雜聲音，我認爲那是這裡活力的象徵，所以倒是很喜歡聽到。

但到了晚上或假日，這裡的安靜就走樣了。鄰居的孩子回來了，鄰居就開始「忙碌」了，這裡也開始「熱鬧」起來。

這鄰居跟我們不是住同一層樓的，而是背對背的，所以我們房子中間只隔、兩三公尺寬的防火巷。

鄰居的「忙碌」，從她小孩進屋的那一刻起，鄰居太太高亢的聲音就開始了。

她高亢責罵孩子的不是，這指責引起孩子的不滿，再來必定接著是她兒子的聲音，這聲音有時是爲自己解釋，有時是對不滿的抗議，然後她先生的聲音也會跟著上場。她先生有時是爲制止爭吵，有時是加入爭吵行列，當所有人都進入劇情裡時，整個聲音的沸點就會達到最高潮。這高潮有時幾分鐘就結束，有時超過數十分鐘。時間的長短，完全在於爭吵的「重點」有沒有即時被抓住。

當全家的聲音都上場後，我們這些聽眾也立即知道，今天上演的戲碼是什麼。

有時我會猜測他們當中，誰先認錯或者誰先用更大的聲音壓過其他人，當有人做出退場機制後，戲也就接近尾聲，我們大家也累了。

聽多了鄰居高亢的聲音，無形中她家的事我都清楚了起來。當然，鄰居可能不知道我對她家有多了解。

鄰居常常有高亢的聲音出現，所以他們家人的對談，音量就習慣很大聲。有時我會產生誤解，不知他們是在講話，還是在爭吵。

剛搬來時，對鄰居高分貝的嗓門有些適應不良，會心生恐懼，深怕接下來會有些激烈的動作出現，因此常常豎起耳朵聽。後來才發現那是他們的家常便飯，心裡也就放鬆下來。

聽多了鄰居的責罵聲，讓自己原本不是很溜的台語有些進步。我就把這「偷」學台語的經驗跟朋友分享，他們笑說如果我再聽下去，以後可以開口用台語跟人家開罵辯論了。

一次在家養傷時，有一天，當時一起補習的同學下課後來看我，我們在聊天時，剛好碰上鄰居太太的「出場時間」，同學緊張的問我她們家發生什麼事，我說沒事，過一陣子就好，然後跟同學說，這是他們家每天必演的戲碼，我已經訓練到「聽而不聞」的階段了。

同學大笑說不愧是班代，總是有過人之處。她說要訓練到「聽而不聞」不容易，我說如果像我住在這裡超過十年以上，每個人都可以達到。

同學笑說這是練耳力的好地方，她說她自己也曾有機會練習，但時間沒這麼長，我說這機會還是不要比較好，她說如果可以選擇，她當然不要選擇，就是不能選擇才只好接受。

跟同學聊天的過程，鄰居那邊不時傳來陣陣的聲音，這聲音對同學來說是一種噪音，同學聽到最後問我說，有沒有看過「野火集」，我想到裡面有一篇「中國人，你為什麼不生氣」，我說這裡的居民都很善良，他們並不是一天到晚在吵，同學說我們這邊的人修養比她好。

同學說她那時住的地方，有一個鄰居動不動跟人家吵架，惹得大家對這鄰居很不滿，有一個住戶就不是像我們這樣，而是發動其他鄰居想逼他搬走，只是後來另一個鄰居出來幫這個惹人厭的鄰居解圍。

這鄰居跟大家說，他跟他從小一塊長大，看他現在的作為，讓他想到這鄰居的父母，他的父母親也是他們那邊有名的「惡鄰」，常常為一點芝麻綠豆的事，動不動就跟人家吵架，甚至跟左右鄰居槓起來，有一次還跟他們的父執輩打起架來。

鄰居說他從小被罵被打到大的，在那種環境長大的人，吵架罵人對他來說是很自然的，也是他自我保護的一種方法。

經鄰居一講，大家開始同情他，但這惹人怨的鄰居問題還是沒有解決，所以大家就請這鄰居當中間人，慢慢去勸導他。

同學說鄰居花了很多時間，但是改善有限，畢竟從小養成的習慣，不是一天兩天就可以改變，除非他大徹大悟，否則他若是不想改變自己，我們怎麼勸也沒用，當然最後吃虧的還是他自己。

同學說這鄰居脾氣暴躁，到處得罪人，自然工作一直換，而他就只靠有一搭沒一搭的工作過日子。這不穩定的收入，又影響到他的生活，生活過得不好，脾氣更壞，所以就這樣惡性循環。

我笑同學口袋深，想去哪裡就去哪裡，同學說沒有這麼幸福，只是當時剛好想買屋，就這樣離開那樣的環境。

我跟同學說古代孟母三遷她是現代的孟母。

人的習慣是從小養成的，同學以前的惡鄰，跟我小時候學校附近的太太很像，用罵來保護自己。

罵人很容易，就像電視上那個女配角，一點都不會吃螺絲。罵人也很爽，他可以讓自己發洩情緒，只是罵完人後，會有一種空虛感，會發現自己身邊的人越來越少，距離也越來越遠。

鄰居的聲音常是我跟小孩子說話的教材，有一次女兒說，「我本來以爲天下只有自己的媽媽最可怕，但現在覺得自己的母親還不錯。」

我問女兒說這到底是褒還是貶？但女兒說的話，也是自己的感受，大家都是會有脾氣的，而孩子也不可能不會惹父母生氣，因此當自己被惹毛生氣時，就會想到鄰居太太，她是一個活生生的教材，想到她便會自然節制自己的脾氣。所以，我跟同學說這聲音是我的教材，也是我的警告石。

鄰居的聲音隨著孩子回來的次數減少而變少，對我們來說耳根獲得清靜的時間越來越多，不過聽到鄰居孩子的聲音逐漸超過母親，氣勢越來越大時，不禁會爲他們擔憂起來。

這是不是孩子的反撲現象？如果是，那後果就令人不敢去想。

語言是一種很好玩的東西，它是表達情感的最佳利器，也是發洩的最好工具，所以我們常利用語言作爲我們抒發情緒的先發部隊。

當然我們的先遣部隊出發後，必定會是一陣凌亂，但往往大家喜歡先讓部隊開一條路「罵了再說」，罵完之後結果再見機行事，所以我們常在罵完之後，事情才是正要開始。

責罵是很容易的事，只要嘴巴一張開來，大腦一定會供應你想要的詞彙，但大腦不負責後續的問題，所以後果要自行負責。

爲了讓自己少負一點責任，又可以讓自己罵的漂亮罵的爽，建議可以參考梁實秋先生的「罵人的藝術」。

梁大師說：「古今中外沒有一個不罵人的人。罵人就是有道德觀念的意思，因爲在罵人的時候，至少在罵人者自己總覺得那人有該罵的地方。何者該罵，何者不該罵，這個抉擇的標準，是極道德的。所以根本不罵人，大可不必。罵人是一種發洩感情的方法，尤其是那一種怨怒的感情。

想罵人的時候而不罵，時常在身體上弄出毛病，所以想罵人時，罵罵何妨。

但是，罵人是一種高深的學問，不是人人都可以隨便試的。有因爲罵人挨嘴巴的，有因爲罵人吃官司的，有因爲罵人反被人罵的，這都是不會罵人的原故。今以研究所得，公諸同好，或可爲罵人時之一助乎？」

大家不妨先看一下，了解之後，才可以享受無顧忌的罵人。

17 你是**孤僻完美型**的父母？

帶兩個孩子到誠品參加「詩人節」活動，在欣賞完名家朗誦後，我們到附近的百貨公司閒逛。我因爲很少來信義商圈，所以走走就忘了東西南北，兒子知道我迷路就主動帶隊，兒子方向感比我好，很快就把我帶離這都市叢林。

離開這叢林後，我說沒想到這個地方又變了，變的我都認不出來。兒子笑說，如果我再宅在家裡，到時連車都不會坐了。

兒子的話提醒我，自從成爲「ＳＯＨＯ」族後，出門的次數變少了，與朋友的來往也漸漸變成電話互通，或是透過網路通信，久了不自覺好像加入「阿宅」一族一樣宅起來了。

我告訴兒子說，我喜歡去找在地的感覺，實在是不喜歡逛街，也沒有辦法像那些愛逛街的人，可以耗在這裡。

女兒「怨嘆」說，就因爲我不喜歡逛街，所以她沒有機會出來見世面。我笑說走來走去，真的不知趣味在哪裡。

女兒說像我這種只會看舊東西的人，自然不適合在這現代化的地方，我應該去古董店當古董。

兒子也說現在已經很少人像我這樣，只會去那沒人潮的地方。

我說人潮多擠來擠去，擠到最後會去掉半條命。說完這話，我把參加動漫記者會，被擠到連走路都有困難，自己最後「逃」出來，那實在是不好玩的事跟他們說。

女兒笑說「承認自己老吧，年輕人是不怕擠的」。

我擺了一個白眼給女兒看，說她那壺不開提那壺，「這跟老有關係嗎？」

女兒不甩我的白眼，「我們就因妳怕擠，這個地方不去，那個地方又沒興趣，害我們都跟妳一樣當阿宅了。」

兒子也附和說，如果不孤僻願意到處走走，我們可能不會這麼「孤陋寡聞」了。

講到「孤陋寡聞」，女兒更是有話說，「我同學他們家常出去玩，每次都告訴我說，那地方有多好玩，我都只能聽，很少能插上話。」

兩人你一句，我一句。聽完後，想到自己的遊玩習慣，確實跟很多人不一樣，我喜歡走偏僻小路，所以像去九份，我不會去熱鬧的街道，而是會沿著階梯，隨意亂走，然後在各種階梯轉彎處找樂趣，九份的階梯是四通八達，每個方向都有不同驚喜，我喜歡去看那屬於當地的東西，然後在高高的地方俯視下來，去享受那屬於山城的美。

因爲這樣子，孩子很不喜歡跟我走，他們寧願自己跟人群擠在一起，他們說我那是老人家的走法。現在想想，還真的跟不上年輕人的思維。

我告訴孩子真正的看，應該是要看屬於當地的文化，兒子說當地的文化不限一種，所以只要是屬於在地的，都是它們的文化，文化應該是延續的，有新有舊，這樣才叫傳承。

兒子的「巧言」，讓我接不下去，但他的話卻讓我省思起來。回想過去，因爲執著自己的想法及觀念，所以很少參加大型活動，甚至沒有辦法忍受團體出遊，因此，在記憶裡屬於跟大家在一起的那一塊，像電腦一樣有整大片是「可用空間」，因爲使用量少，就漸漸被人畫成是「另類人物」。想到這，突然覺得自己竟然是如此「難以相處」。

因爲自己的「難以相處」，孩子自然受到連累，所以相對的很多活動就無法參加，他們跟我一樣有一大片的「可用空間」。

在參加「詩人節」後幾天，打電話問朋友有沒有包粽子，然後與朋友閒聊。閒聊中我提起這件事，朋友說我本來就是「怪咖」。她順勢又說，「我的眼睛有問題，如果大家像我這樣『守舊』，那社會就不會進步。」

我說文化的東西，本來就要做適度的保存，才能讓後人知道。朋友不以爲然，她說「什麼是適度的保存？」

這話讓我停下來，對啊！適度的標準在哪裡？我安靜了幾秒，我告訴朋友以前跟同學去玩的情形。朋友笑說，那些地方早就已經變了，叫我別再做夢了，回到現實人間。

她說我頭腦讀壞了，腳步不會跟著時代前進，但是慶幸我只是在這方面的觀點跟別人「不一樣」，否則我這個人不只會被社會淘汰，還會被其他人撇在一邊。

我被她這一說，愣了一下，笑說原來我還不是無藥可救。

朋友說我這個人是「孺子可教」，還沒有到真正的孤僻，稍微教一下，就可以學會。

我說我不是要感激她嗎？朋友笑說這當然是要的，她說我這種人是「選擇性」的孤僻，不是那種打從心裡就孤僻，所以還是有希望「導正」

回來。

被朋友一說，想到孩子說我孤僻，心裡確實有點溫暖起來。

朋友說真正的孤僻不是我這種，她說她鄰居那才是孤僻，孤僻到「獨善其身」，讓大家看了就不爽。

我笑說孤僻到「獨善其身」，也是一種功力，這還不簡單。

朋友說是不簡單，但可累慘我們這些人，真不知道那種人腦袋在想什麼？

「腦袋在想什麼？」朋友的話，突然讓我浮現一個畫面，那是唸大學時，在自助餐廳打工的事。

每次在吃飯時，就會出現一個清秀的女孩，她總是獨自一個人來，每次來就只有點一個滷蛋及一碗飯，後來久了，老闆娘就稱呼她是「滷蛋女孩」，我在餐廳打工一年多，從沒有看到她跟其他同學一同出現過。

有一回下課，想要去圖書館找些資料，竟然在路上碰到她，她也是孤伶伶一個人，我於是好奇的走在她後面，沒想到她也要去圖書館，我們倆就在圖書館混了幾小時，而她安靜地像貓一樣。

現在想起來，不知道她爲何會如此遠離群眾，我把浮現出來的畫面跟朋友說，朋友說她那鄰居就是這樣，眼中好像沒有鄰居，沒有其他生物存在似的。

我說那也太誇張了，朋友說一個人孤僻還好，但一家人孤僻就不好玩了。

朋友說那鄰居從來沒有跟人打招呼，也不參與大家的活動，但全家人會像幽魂一樣，不時出現在社區。

朋友說有時看到他們的小孩，獨自在公園看著別的小孩玩耍，就覺得很可憐。

「小孩子哪個不愛玩？但他們卻要壓抑起自己。之前，我以爲是那些小孩不邀他參加，但後來才知，一旦邀請之後他就跑走了，久而久之就沒人邀他了，那小孩只有眼巴巴的看其他小孩玩。大人自己的個性，實在不應該讓孩子跟著受影響，畢竟他們長大後，還要面對現實生活。」

現實生活是實際務實的，我想到那個校友，我不知她現在如何？

朋友說現實中要找出像自己相同習慣的不多，孩子將來要結婚生子，他們的另一伴是否能忍受？如果不能忍受，這又是一段孽緣，單純的孽緣還好，如果有小孩子更可怕，變成一代傳一代。

聽朋友這麼一說，我還真慶幸自己只是「選擇性」的孤僻，但雖然是選擇性的孤僻，也是一種孤僻，同樣的會拒人於千里之外。

記得有一次應一個同事的邀請，參加她前一個單位的一日遊活動，不知是因爲事前沒有聯絡好，還是因爲人多，出發的時間比原本預定的時間延遲了很多，而且主事者始終沒有說明何時要走，我本來就沒習慣跟眾人出門，現又加上一直呆耗，孤僻的個性馬上出來。

我跟邀我的同事說，我等不下去了，再等下去遊興也沒，所以想提前離開。那同事一直挽留，但我實在是無心了，所以只有跟她道歉，她眼睜睜的看我離開。

從那件事後，當然那同事再也沒邀請過我了，現在想到此事，都還覺得自己實在很幼稚。

人與人相處，說實在不能太率性，何況人是群居動物，離了人群是很難生存的，兒子叫我不要太「入世」，應該出來走走，我覺得兒子說的對，我應該常常見見世面。

18 你是朋友至上型的父母？

一次從台北坐車回家的途中，剛好聽到鄰座與人在通話，她說：「我懶得回去，回去只不過是去當菲傭而已，他又不是第一次，你知道嗎？常常假日不是去外面跟什麼朋友在一起，不然就是把那些狐群狗黨帶回來，根本忘記家裡有老婆跟小孩。」

她跟對方不時抱怨先生，最後嘆一口氣說，「生活的不是你，所以你覺得沒怎樣，如果你是我，相信你也會跟我做同樣的選擇，你認識他又不是一天兩天，最悲哀的是我，以爲他婚後會改變，男人是不會改變的。」

她講完，沒多久就跟對方掛上電話，我裝作沒聽到繼續在看我的書。她比我先下車，下車前她瞄一下車廂然後就走出去，我看她消失在月台上。

這乘客下車後，腦中突然出現成龍的影像，他旁邊的人說成龍是把朋友擺第一的人，所以做他的太太很辛苦。雖然不知她的先生是否跟成龍的觀念一樣，但從片段話中似乎她的處境，跟我們的玉女明星林鳳嬌很像。

當初林鳳嬌突然息影，後來知道是被成龍「藏」起來。而在被藏起來的幾十年裡，成龍的花邊新聞從未間斷過。林鳳嬌在暗處看著先生的新聞，一件一件的被刊載出來，對林鳳嬌來說，豈只用「心痛」兩字來敘述。

現在她已媳婦熬成婆，成為成家幫的「當家」，我無聊的想著剛剛鄰座的人，是否也會如林鳳嬌一樣，也是未來的「當家」。

與朋友閒聊時，提起在車上看到的事。我說故事看太多了，大家都希望有美好結局，所以我也把她編排成像林鳳嬌一樣，成為眾兄弟尊重的當家。

她說我實在是太閒了，才會有如此不食人間煙火的想法。她說我只看到林鳳嬌最後的結果，沒有想到她在過程中經歷的辛酸。

朋友說的沒錯，林鳳嬌的辛苦沒人看出來，只看到的是她最終的那一幕，我說大家喜歡結果，過程就不重要了。

朋友反駁我說過程比結果重要，她說如果林鳳嬌不願忍，那房祖名會是現在這樣子嗎？如果林鳳嬌不忍，或許她還會再出來演戲，那林鳳嬌可能已經躍上國際舞台。如果不能忍，或許成龍不是現在這樣子？朋友好多的或許，讓我也不經思考起來，我也開始想像很多過程的東西。

如果過程走不對方向，結果就大變，我跟朋友說妳的「也許」真的非常關鍵，朋友說很多男人把「親情」跟「友情」畫成等號，這一畫成等號，家的價值就會起很大變化。

朋友說很少人願意把家人相處的時間切一半給別人，會切的人她必須做好心理建設，而被切出去的另一半，一定要有成就出來，否則只為自己那下場及結果都不好。

我不知道下場是否如客戶朋友說的，但我想到以前有一個年輕同事，有一次我們起鬨說要到她家去玩，她打死也不肯。她說她很怕有人去她家玩，我們以爲她可能是房間沒整理才會這樣說，所以我們說沒關係，不會在意她家整潔與否。

那同事說她家很整齊，只是不想讓人去，她說她從小家裡就鬧哄哄，她很不喜歡這樣，她喜歡保有屬於自己的寧靜。

後來才知道，因爲她父親愛交朋友，幾乎天天有人到她家去，甚至有時住在她家。她常覺得她的家是公眾場合，沒有隱私，長大後，她極力想保有這個個人空間。

我知道這種被吵的感覺，小學時自己就是在吵雜的環境中度過。那時住在老家，到晚上時，常常有一些人到家裡聊天抬槓，我們家是屬於四合院的房子，這棟老宅住著父親的兄弟，所以每戶分的房間不多。我是客廳兼書房，一但有人來，我就沒辦法唸書，但是又沒地方去，所以只好邊聽大人說話邊讀書。

長大後，我跟那年輕的同事一樣，很希望有自己的獨立房間，後來我們搬了新家，家人就給我一間屬於自己的房間，我很喜歡獨有的感覺。那同事不讓我們去，後來我們也沒有勉強她，我跟那同事說，我了解她的想法。

「親情」與「友情」理論上是屬於不同情感，女人在這方面分的很清楚，但男人卻常常「傻傻分不清」，男人分不清甚至是不想分的原因，有時是一種逃避，因爲他們怕面對選擇，對他們來講這兩邊都很重要。

兩邊都重要，但人卻很難是無法面面俱到，總有一邊輕一邊重，成龍說自己有一次剛好有空檔，心血來潮想給兒子一個驚喜，就跑去小學接孩子下課，他在學校外面左等右等，就是不見房祖名出來，後來實在是等太久了，就打電話回去問，家人跟他說他兒子已經上國中了。

這是成龍自己說的真實笑話，但也說出成龍與孩子的互動有多少，我們的社會很容易容忍這樣的事，也認爲男人出去打拼，所以就可以把親子互動時間給刪除，所以我們很多企業家，他們跟孩子有多少互動？而很多男人認爲這樣才是有作爲的男人。

這樣有作爲的男人，不見得是另一件想要的，甚至不是孩子想要的。有一個有錢的客戶，一次去他辦公室湊巧碰到這客戶的太太，他太太抱怨說先生賺這麼多錢有什麼用，人都看不到。

她說一個看不到人的家，算是家嗎？這是旅館，若知道自己將來會住旅館，就不會跟他在一起了。

朋友說實際上有作爲的男人不是比比皆是，但忽略家人孩子的男人卻是滿街跑。

我想到有一次參加兒子學校的家長會，坐在旁邊的是第一次出席的父親，在會議結束後，家長們就很自然地聊了起來。那家長問起我的孩子，我大略的說一下，說完，我也反問他孩子的狀況，他也講孩子唸書的情形，講講，他突然說孩子跟他有距離，所以有很多事情都不是很清楚。於是，他又問我會不會跟孩子有距離，我說跟孩子不會有距離，但孩子長大了有些屬於他的私事，我不是很清楚。

那父親說他跟孩子兩方面都有問題，他下班回家常覺得自己是家中的外人，插不上他們的話題。

這種感覺讓我想到自己的家，孩子與我的互動，遠遠勝過與先生的互動。我安慰他說，很多家庭都是這樣，他聽了心情稍微好一些。我說如果你想跟孩子有互動，那就多跟孩子接觸，否則孩子長大後會把你當客人看待。

跟這家長道別後，我想到一個離婚的朋友，有一次在聊天時，他說他兒子很少跟他說話，現在偶而見面，常常兩人不知要說什麼。

他說還沒離婚前，自己不是工作就是應酬很少在家裡，爲了建立更多的人際網路，假日也是跟一些朋友在一起。現在想一想，跟孩子接觸的時間，數都數得出來。

這數得出來的時間，自然讓他不瞭解自己的孩子，朋友說他們家常常是三人行，久了反而習慣。她說有一次她先生跟他們一道出門，因爲習慣三人行，在路上竟然把她先生給忘了，直到她先生在找他們，他們才驚覺。

這現象也發生在我家裡，常常全家出去，我跟孩子自然的會並肩行走後就忘記先生在後面。

很多男人親情的養成，是在他白髮蒼蒼齒牙動搖晚年的時候，這時孩子都已成人，過去未建立的關係，想在有思想的成年人身上找回去，當然結果是可想而知。

男人在年輕時候常分不清楚「親情」與「友情」，等到年紀大時才清楚這兩者是有差別的，很多人想彌補也彌補不了。

動漫卡通「銀魂」有一段經典對話，那是阿銀對著神樂的父親星海坊主說的，他告訴星海坊主：「真正重要的東西，往往就是得不到的人比較清楚，得到的人往往看不清楚。」

很多人常常忽略自己身邊的東西，到老了才忽然覺得他的重要性，當他想到時，或許對方早已不要了。我想到日本很多婦女把退休的老伴當作「大垃圾」，一旦面對「垃圾」，自然就沒什麼留戀了。

我們或許不像日本婦女，但親情關係的建立，不是說想建立別人就跟你建立的，如果「自以爲是不去分清楚」，那可能會讓自己受傷，身邊的人也受傷。

19 你是比較型的父母？

一回在住家附近的公園運動，旁邊剛好有一個年輕媽媽，帶著兩個孩子也去公園玩，起初兩個孩子安靜的各玩各的，一陣子後大概覺得一個人玩無聊，兩個人就湊在一起，剛開始兩人邊玩邊笑，一段時間後兩人不知在爭什麼，於是吵了起來。

這年輕的媽媽趕緊跑過來問原因，在問清楚原因後，她對那闖禍者告誡了一下，兩個孩子又和好高興的玩在一起，但沒多久又吵了起來，那年輕媽媽再次告誡闖禍者，媽媽一走兩個又像沒事似的。

這樣一下吵，一下又玩在一起，大概經歷七、八次，那個年輕的媽媽被激怒了，於是開罵起來。

她從大的罵到小的，從小的又罵回大的，罵完又開始罵闖禍者較多的哥哥，只見她如數家珍地把過去的事說了出來，說完之後，她的聲音變輕柔些，然後再轉頭對弟弟，她說弟弟都沒有這樣子，如果能像弟弟這樣多好。

那個哥哥沒有說話，只是默默站者，等到媽媽罵完了，兩個兄弟沉默站了一會兒，像是送母親離開。沒多久兩人又玩起來，只是沒有像剛才這麼大聲，音量變小了。

我站在旁邊，看一下母親，又看一下小孩，總覺得這樣的畫面很熟悉，在很多地方都看到過。回家後，剛好一位老同事打電話問我事情，我跟他提起先前在公園看到的畫面，我說那個大哥可真可憐，這麼小就被比較，小小心靈就被割傷了。

同事跟我說，搞不好越挫越勇，就像他一樣。我說別開玩笑了，人家這麼小，你已經是被磨練成爲刀槍不入的人了。

同事說難道他一開始就是刀槍不入嗎?我想一想也對，刀槍不入必定要身經百戰。我就說你不是一開始就是這樣，但現在已經練就金剛不壞之身，也磨到百毒不侵，怎麼能與一個小孩比呢?

同事笑說要達到這樣的地步，是要經過很多的磨練，我是吃了很多苦之後才學會的。我對同事說你這麼優秀，即使吃苦也比別人少，同事反駁說他並沒有很優秀，不過這一路走來，倒要感謝小學老師。

「感謝小學老師?」我有些驚訝。

「如果不是小學老師給我一些提醒，我現在可能到處混。」同事說。

「到處混?這麼優秀的人到處混，那我們這些人還能做什麼?」我說。

「那是妳看我，覺得我優秀，但我父母可不覺得，在他們眼中只有我哥哥才是優秀的，到現在他們還是沒有改變。」

同事的話讓我吃驚，「什麼?你是公司的『東方不敗』，到現在沒有人能勝過你，而且你的學歷又高，這條件哪裡找!」

「對我父母來講，我的工作不入流，要『師』字輩的才算是好的，所以我那醫生哥哥才是他們的驕傲。」同事的口氣有些激動。

他的話讓我想到以前一個同事說的，那時候他在追求一個女孩，在這追求過程，我幫他不少忙，到最後他還是沒有追到，他說他敗在他的職業頭銜裡沒有『師』字。他受了這個打擊，後來力爭上游，職業頭銜終於有了『師』字，只是他有『師』字頭銜後，佳人已不在。

我跟同事說，不是每個人都可以當醫師。他說沒錯，但在許多父母的觀唸裡，這些才叫「出人頭地」，小時候父母親動不動就叫我學哥哥，我哥是那種考試沒有第二名的，我怎麼贏的過他，所以後來就放棄唸書。

放棄唸書成績自然不好，父母當然很生氣，也因爲生氣，就更常把我哥哥掛在嘴上。他們唸的越兇，我越不唸書，成績一敗塗地，我們就這樣惡性循環。

後來上小五時，我們班導發現我並不是不會唸書，而是不唸書，她很關切我，不斷鼓勵我，她說：「人生有很多選項，這些選項可以照人家的走，也可以自己選擇，如果發現照人家的走，走得很不快樂，那就走自己的。」

我開始認真也就在那個時候，老師不斷的在旁替我打氣。到我考上大學時，我打電話給老師並告訴他，路是自己選擇的時候，才知道自己需要什麼。

同事說現在他父母的觀念依舊沒變，但他已經不那麼介意了，因爲所謂的好壞不是別人認定，而是自己的想法。

我笑說沒想到他這麼爭氣，他也笑說還好自己爭氣，否則不會認識現在身邊的人，我馬上想到他的女朋友，問他什麼時候結婚，他說時機到了就結婚。

掛上電話，我想到剛才那對小兄弟，很多父母親好像情不自禁的會把表現好的孩子掛在最上，有時不只是炫耀，而是做父母的一種成就感及光榮感。

記得兒子學圍棋時，許多熟人都會問兒子學的怎麼樣，每次我就會不自覺的宣揚兒子的戰績。兒子有時會抱怨我「多嘴」，我告訴兒子說，這是一種「分享」的心情，兒子笑說我在找藉口，我確實是在找藉口，但也確實有分享的成分，畢竟許多父母親，都希望孩子不要走冤枉路。

父母親對孩子的期待永遠不嫌多，因此求好心切的心情常常溢於言表，所以比較的態度很自然就出來了。

兒子有一次去比賽圍棋，有一個父親帶了兩個孩子來參加，這兩個孩子實力不同，父親在比賽前，特別叮嚀實力好的那一個，對實力差的那一個就點到爲止。當比賽結束後，他一定先問好的那一個，贏了就大加讚賞，輸了他會仔細追問在哪一手下錯，對方怎麼下，然後邊講邊復盤，實力差的那一個就無所事事的跟同伴嬉鬧。

中午休息吃飯時，父親關照的依然是實力好的孩子，他把便當上的豬排夾給他，實力差的看了一下，繼續吃自己的。父子三人坐在一起，但是有互動的只有兩人。

比賽結束，實力好的有晉級，實力差的也晉級了，只是名次不同。這父親拍拍實力好的肩膀說，下次再加油。對另一個雖然也說不錯，但是沒有拍拍他的肩膀。

我看到這父子三人的背影消失後，我想到自己的兩個小孩，雖然我沒有像同事的父母親這樣，也沒有跟那位父親一樣把孩子綁起來比較。但我發現人與人之間多少都會有暗中較勁的心態，特別是女兒，她看到哥哥有什麼樣的獎賞時，她也會自己認真去爭取了。

女兒沒有學什麼才藝，但她有機會參與不少學校比賽，當她替自己爭取到好成績時，我感覺到她好像在跟我說，「我也不錯」。

過去在哥哥沒有參與比賽時，女兒的態度很散漫，後來兒子正式參與各項圍棋比賽後，女兒的態度就開始變的比較積極了，她開始也會爲自己爭取所謂的「榮耀」，當她的榮耀越多時，每次人在問哥哥的事情時，我也會主動「推銷」女兒。當別人用不一樣的態度看她時，她那眼神閃耀著自信的光芒。

同事說人與人永遠沒有相同的，即使是雙胞胎也有差異的地方，上帝讓人有差異，就是要讓每個人有發揮的空間。他說在被父母壓縮時，他的天空只有一小片，當他走出那陰霾時，他的天空就變寬了。

兩個孩子自己會去較勁，這種天性讓彼此互相激勵。同事說他很少跟哥哥聯絡，也很少回家，他說回不回去都一樣。

對他來說是一樣，但是對父母來說是不一樣的。孩子回不回家，在孩子長大後父母已經是管不住了，在管不住的情形下，想要期待孩子回家，家勢必要讓他有感。人都有好強競爭的心，但這不是拿去給人比較的，沒有人希望自己被比較，而且還是不對等的比。

我想所謂的「比」，應該是發自內心想爭取的，而不是被動式的。

20 你是忽視型的父母？

有一次跟女兒一塊看《銀魂》這部動漫，剛好情節是描繪「真選組」裡，有人背叛，救「真選組」的人，是一個被暫時解除職位的副隊長及他的朋友（主角阿銀及阿銀的夥伴）。

叛徒本來掌握到優勢，但因爲這些人來，所以「真選組」的人逆轉勝，反把叛變給控制住。他們抓到主謀，然而主謀卻有一段感人的回憶，他說他之所以會這樣，是想要表現自己的才能及聰明，但細想下，這些都不是他想要的，他要的是別人的關注，他回想自己一路走來，用盡辦法想讓母親看到他，但母親眼中只有生病的哥哥。

於是他的性格開始扭曲，思想開始改變，最後他發現他什麼都沒有得到，因爲他把那些關注他的人全部推得遠遠的，當他發現他並沒有如自己想像的這麼孤單時，他笑了。最後他替大家擋住子彈，光榮的走向死亡之路，臨死前他高興的跟大家謝謝。

看完之後，我跟女兒稍微討論一下劇情，然後跟女兒說她很幸福，有這麼多人關照她。女兒笑一笑，抱著冰淇淋桶滿足的進入房間。

她離開後，我自己獨自繼續看電視，看到一部韓劇「鋼琴下的祕密」在做重播宣傳。我想到那部戲，它也是描述一個母親對孩子偏頗的愛，劇中她有兩個孩子，但她一直以爲另一個是抱養來的，怕這個抱來的孩子，搶走家業讓自己親生的兒子無法繼承，所以對他百般刁難，後來才發現這個孩子並不是先生外遇生的孩子，而是她自己在結婚前生的，還是她一直在找尋的孩子。

這部戲讓我想到一個朋友的姊姊，她是被抱養來的，由於母親的觀念，讓她與朋友受到截然不同的待遇，她從小就像我們在電視上看到被虐的養女一樣，要負擔所有的家事，做不好還會被打。朋友說她以前對姊姊很同情，但卻幫不上忙，只有眼睜睜的看姊姊受不平等待遇。

那個姊姊長大後搬出去住，剛開始還常回家，之後就很少回家，朋友說有時連過年都沒有回來。因為每次回來，她母親就開始抱怨她花時間養她這麼大，賺了錢就忘記養育的人。姊姊起初會拿一些錢給母親，但是後來就只有在過年時包一個紅包了。

朋友說她跟姐姐因為分開的時間比相處的時間多，所以沒什麼感情，後來姐姐結婚就幾乎沒什麼回家了。

朋友感嘆說當姊姊不再回家時，母親才後悔以前對她的態度。朋友有一次去找姊姊，姊姊待她如客人，而不是姊妹般的情誼，讓她很難過。朋友說姊姊從沒有向她問過母親，她跟她提到母親，姊姊只有淡淡的「哦」一聲，也沒有進一步詢問母親的情況。姊姊的反應讓她很難過，但她沒有責怪她，因為她沒有資格。

電視裡那個母親發現被她折磨的小孩，就是她找了幾十年的孩子後，那種心痛讓她幾乎快要崩潰了，後來雖然她用生命去救孩子，但彼此的傷痕不是說化解就能化解的。

朋友的姊姊也是，從小沒被母親重視過，母親想到她的時候，都是要她去做什麼。這對她來說，所謂「母親的愛」，就只是告訴她下一個工作在哪裡。朋友說她看到姊姊痛哭的一次，是姊姊生完孩子後她抱著孩子說，說她這輩子絕對不會虐待自己的小孩。

看著這畫面，朋友說她自己也哭了。她知道姊姊受的傷很重，她化解不了母親跟她姐姐的心結。朋友說父母對小孩的傷害，往往是隱形的，看不到傷口但傷口卻很深。父母親的傷害往往是不經意的，但這不經意的動作，頻率卻又很高。

記得以前一個同事說他的自尊心就是被父母一點一點的摧毀的，最後讓他自卑到失去自信。

同事說他的父母傳統觀念很重，認爲家中的長子是未來繼承家業的人，所以一切以老大的想法爲主，而他的哥哥又是那種頭腦不錯，成績很好的那一型，父母親自然很聽他的，所以家中一切事情，都要問他大哥。如果是同事提出意見來，他的父母就會用質疑的話說，「你頭腦沒有你大哥好，你這樣講到底是對還是不對？」質疑完，再用不相信的眼光看他，讓他心裡非常受挫。

一次又一次的，讓他慢慢失去自信，總以爲自己的意見想法都很不好，而他的父母親又常常會提醒他，唸書做事要像他大哥一樣，這樣才能出人頭地。以至於他從來沒有機會做決定，也不知道如何決定事情。出社會後，才知道自己的懦弱及猶豫。而父母親並不知道，那些話對他的傷害有多大。

他說有一次大哥不在，剛好有事情，他的母親問他怎麼辦？他說他也不知道，她母親生氣的說你長這麼大了，連決定事情的能力都不會，跟大哥差太多了。他當下也是氣得跟母親說，告訴你們，你們說我的意見不好，還是要問大哥看看；那你們問我做什麼，不告訴你們，又說我什麼都不會，我現在真的什麼都不會，連這一點自尊都被你們踩在腳上。

同事說，之後他再也不參與家裡的事，反正家裡的事，他做不了主也管不著，他現在只要管好自己的事就好了。

自己管好自己的事是很容易，但總是覺得自己被排擠，尤其在一個家裡，那種感覺更是難受。常說一隻手有五隻手指，每個手指雖長短不一，但都是自己的手，父母親何嘗不是。手心手背都是肉，理論上都是心中的寶，只是有些父母還是比較在意有成就的孩子。

先前工作有一個同事，非常認真工作，有一次一道吃飯，在閒聊間才知道他爲何那麼拼命努力想賺錢，就爲了讓自己「抬頭挺胸」。

他說「有錢有酒多兄弟，急難何曾見一人，錦上添花人人有，雪中送碳世間無，人情似紙張張薄，世事如棋局局新，人情莫到春光好，只怕秋來有冷時，貧居鬧市無人問，富在深山有遠親。」」他現在就是「貧居鬧市無人問」，連家裡的人都看不起他。

他笑說在他們家賺錢比較多的，回家有人噓寒問暖；錢賺得比較少的，回家就只有自己張羅自己。

我笑說兄弟間因在外面工作，難免眼睛會看高不看低，但父母就不至於了。同事說如果父母不會就好了，但偏偏他的父母把錢看的很重，在他們眼中會賺錢的才是自己的兒子。

他說有一次家裡來個多年不見的親戚，父母親對親戚介紹其他孩子，唯獨沒有介紹他，因爲他們家兄弟姊妹在職場上都有好聽的頭銜，唯獨他只不過是一個小小的業務，所以親戚問到時，他父母親馬上把話題轉開。

同事說這就是他的下場，社會本來就是不公平的，所以才有一個家的存在。當這個家像外面的社會時，這個家就不再是家了。

有一次在等車時，看到一個母親帶兩個孩子出門，其中一個有背著小提琴，另一個則是一個小背包，那母親對著背小背包的孩子說，等一下上車有位置時，要把位置給哥哥坐，因為哥哥練琴比較辛苦。

那個背小背包的孩子說，他去補習也很辛苦，為什麼不能自己坐？這母親停了一下說，你還好意思說，功課趕不上人有什麼理由說累。

這小男孩聽了母親的話就沒有再出聲，靜靜地等公車。我不知道他們上車後有沒有位置，但我相信這小男孩一定會讓位置給哥哥坐，因為他的功課不好。

很多父母親會不自覺得看高不看低，這可能是在社會磨練後，無法擺脫的習慣，而這習慣是我們在職場上被大家厭惡的東西，但可惜下了就業市場，我們還是無法丟棄掉，因此自己以前受的苦，倒讓孩子還沒有進入職場就先嘗到，不知道父母想什麼。

21

你是**謙虛型**的父母？

一次參加一個藝文展出，這個展出來了許多創作者，那些創作者碰到面後，會互相先打招呼。打完招呼後，彼此開始恭維對方的作品，被恭維的人，會很不好意思，然後很謙虛的說，「自己實力不行，需要對方指點」，這個被對方說需要自己教他的人，又很客氣也同樣很謙虛的回說，「自己那有這種能力，是對方太見笑了」。

於是在許多角落，會聽到自己才疏學淺，然後因爲自己才識不足，所以需要對方指導的話，當雙方講完這客氣話後，又彼此哈哈笑一笑。

因此在會場，不時會聽到爽朗及淺淺的笑聲，這笑聲會讓人誤以爲到一個很和樂的地方。

我們常說「文人相輕，自古皆然」，但在這地方聞不出「相輕」的味道，卻聽到處處「謙虛」聲，這謙虛並不是真的謙虛，而是現在做人處事「必備」的一個態度。

我不是創作者，但也是講這些話的人之一，而且自己爲讓做人處事更「圓滿」，還特地在會場繞了一圈，把該打招呼的人打完好招呼後，才離開這個讓自己虛假到不行的地方。

這虛假的讚美，讓我想到帶兒子參加圍棋比賽時，總會碰到某些補習班組團參加，而這團隊必定有一群媽媽跟過來照顧孩子。

這些媽媽們在孩子出場比賽時會聚在一起聊天，聊天如果說到孩子的成績時，這些媽媽一個比一個謙虛，一個比一個客氣，好像深怕自己孩子超越其他人。

然而他們卻又在言語當中，不時透露自己孩子優異的那一面，所以常會發現有些母親的口才很好，稱讚自己孩子完全不露痕跡。

對我們這一輩的來說，「謙虛」是一個必備修養，先人也告訴我們「滿招損，謙受益，時乃天道」，所以我們不會對別人說自己「在行」，即使在行也還硬要說自己不行，因爲如果承認自己很行，別人就會說你太「自大」了。

爲了避免這些無謂的「流言」，於是我們學會隱藏自己，然後由別人來發掘自己的才能。當被別人發掘時，大家都會認爲你是「謙謙君子」，於是在身上放一堆好聽的讚美詞，讓人走路有風。

「謙虛」是我們的美德，所以不能說這「謙虛」的行爲不對，只是我們的謙虛好似過了頭。先人的告誡並不是要讓人做一個虛僞的人，不知何時起，我們的謙虛像官場現形記一樣，只有外表沒有實質的內在。

所以自己常有不適應的感覺，但很諷刺的是，明知自己不適合，偏偏工作上要做這樣「虛情假意」，「謙虛說話」的機會很多，因此也練就了一身「嘴上吃飯的功夫」。

這一身「吃飯的功夫」，讓自己學會「變臉」的能力。女兒笑說我變臉像翻書一樣快，我跟女兒說「人在江湖，身不由己」，在外面上班賺錢，必須要有一點「謀生能力」，否則怎麼死都不知道。

這「謀生能力」原本是放在職場使用，但大概用的太習慣了，竟也不知不覺用在日常生活上。常常會發現自己用「吃飯的功夫」，跟鄰居或者一些平常接觸的人打起交道，讓那些「單純」的人一下子措手不及，而這些行爲竟讓跟在旁邊的女兒「耳濡目染」起來。

有一次採訪，受訪者極力邀請我帶全家去他家玩，於是我「假公濟私」順便帶女兒一塊去。到了受訪者家後，我們用閒聊方式進行訪談，受訪者怕女兒無聊，會在這過程中關照她，女兒這時儼然如大人般「謙虛的」與受訪者對談，受訪者看到女兒如此「謙卑有教養」，當下稱讚起女兒來。

離開受訪者家時，我想到女兒小時候，從電視上學到禮儀，讓親人覺得她非常可愛，那時候的她是非常單純。現在回頭看她，這個小不點已經漸漸變成鬼靈精怪的小丫頭了。

女兒學得一點的社會世故，學會到世故下的謙虛，是我很不願意看見到的。我對女兒說，大人的社會是很多面的，也有些複雜，有時候大人會看名片上的頭銜辦事，所以他們說的話，聽聽就好。

女兒說她早就是聽聽就好了，如果把大人的話當真看，那是自己笨。本來想告訴女兒，大人社會在謙虛下的真實面，結果她告訴我的卻是比真實還要真實。

女兒還沒有進職場，就有職場的氣息時，讓我並不開心，而是難過，因此我告訴女兒，社會是現實沒錯，但不需要太早學會這一套，好好把握現在這段無憂的日子。

女兒說不是自己想學的，是生活周遭都看得到，而我這母親就是她頭號見習對象。這讓我更加不忍，我對女兒說那是因爲我要生存。女兒說這不只是生存問題，這是觀感問題。這話讓我嚇了一大跳，也不禁自問起來，我們很多的謙虛是真的發自內心，還是因爲社會的觀感？

我想到每次帶小孩出門時都會事前告誡一番，也叮嚀一些做人做事的態度，這當中就是夾雜一些「觀感意識」在裏頭。每個父母都希望自己的孩子被讚美，而在讚美的背後就是父母教的好。這是一個榮耀，而榮耀的背後，又是代表父母有教養，這一連串的背後意涵，確實讓許多家長不得不在意。

唉！「觀感」這一頂大帽子，可真的把很多人壓得喘不過氣來了父母的在意，孩子也會感受到，女兒在小學時曾問我，跟人謙虛說話真的很好嗎？我不加思索的說，這當然是好。

女兒說，可是我真的表現好，也不能說嗎？我說最好是由別人說，女兒問萬一別人不知道，他們怎麼會說？

她的話讓我想到過去很多的家庭習慣把孩子的獎狀，貼在客廳的牆壁上，那是一種告知，也是一種喜悅的分享。我們習慣這種隱含性的告知，所以我跟女兒說，可以像學校貼布告欄一樣。

女兒說貼上去之後就不能撕下來，那就無法做紀念。我說那沒有辦法，女兒問，說出來的告知與隱含性的告知有差別嗎？

我告訴女兒，差異性就在被動跟主動之間，這種不同就在說與沒說，這種不一樣是人的謙虛態度與否，然而不管是那一個方式，它的結果都是一樣，要讓人知道，只是一個很大方的告訴你，一個是含含蓄蓄的。

女兒聽不懂我說的，我也沒有再跟她解釋。因爲我很難跟她說，過去的長輩寧願用這樣告訴別人，自己的孩子有多優秀，卻不用自己的嘴巴告訴別人自己的孩子有多優秀。但是表現好應該不是罪惡，那麼爲何不能用自己去講？而是用牆壁來「發言」？

「謙虛」是我們教小孩學習做人處事的首要條件，家長無不希望自己的孩子是真正的謙虛爲懷，畢竟這是做人的基本原則。

只是我們常發現，習慣謙虛的時候，對別人的讚美，就會覺得有些不好意思。而這個不好意思的態度，讓我們必須掩飾自己的行爲，所以常常我們在人前跟人後的態度是兩極化，而我們也常因謙虛，而不敢前進，深怕被人說閒話，因此謙虛後，會發現態度變消極了，這不知是好是壞？

先人教我們的「真正的謙虛」是一種拿捏，要如何拿捏才能恰當好處，這是一門學問，這門學問非常人能做到，除非大家真的了解「謙虛」。

22 你是嘮叨型的父母？

兒子從小進出醫院頻繁，所以只要他有任何不適我就會關切。這關切後來變成一個習慣，他如果稍微打個噴嚏或者咳嗽，我敏感神經就發作了，就會連珠炮似的問他身體狀況，他剛開始回我的時候還很有耐性，後來漸漸失去耐心。

有一次他請求我說，「拜託！我身體很好，不要我稍微一咳嗽，就問一大串。」我一想到小時候三天兩頭得跑醫院的場景，因此我對他說很難做到。兒子很不高興地說，「我身體好不好自己知道，又不是小孩子，每次這樣問，妳不覺得煩但我很煩。」我聽了雖然覺得有道理，但要完全放下，還真的做不到，所以，我又回他說，身爲母親很難對孩子放著不管，兒子後來很氣的走開了。

一回兒子在房間，發出不明的聲音，我過去看後又隨口問了一連串，兒子大概受不了，就說「母親的關愛是很好，但妳這是變質的關愛不是關愛了，是一種嘮叨！關愛人，人很容易接受，但嘮叨就讓人受不了。」

兒子的反彈，讓我「暫時」沒有這麼雞婆，稍微節制了一段時間，這段時間我的「關愛」次數減少一半，後來兒子打噴嚏的現象減緩了，他說終於可以「喘一口氣」了。

然而身為一個母親，對於孩子不是只有關心「生理問題」，「心理問題」也是關切的項目。

所以常問兒子是不是有什麼煩心的事，兒子說沒有，我說：「那為什麼每次看你，你臉上沒有笑容，好像憂心重重有什麼事似的。」

兒子說總不能沒事一直笑吧！我說是沒錯，但僵硬的臉會讓人產生錯覺，兒子眉頭一皺說：「妳會不會太敏感了。」

我說：「妹妹臉上藏不住心事，每天看起來就像派大星一樣很開心，所以我不太需要去詢問她，如果你臉上多一點笑容，我也不會有錯覺。」

兒子一聽，他的敏感神經也出來了，「妳會不會又開始注意到新的東西了？」

而女兒聽到我的話，從房間跑出來說：「妳的意思說我像那沒大腦的派大星，整天遊手好閒沒事做，然後天天不知快樂什麼的人。」

兒子聽到妹妹對自己的形容，笑到不行。我深怕女兒受到「創傷」，趕緊解釋說不是，然後又說，派大星天天都高興，也不知他高興什麼，他自己也不知自己爲何高興。這種人最幸福，每天都把笑容放在臉上，所以做一個像派大星這樣天天開心的人也不錯。

女兒對哥哥說，「你這十幾年白活了，媽媽怎麼會忘記她的『職責及權利』，如果她不念，她就不是我們的老媽了。你實在是『身在福中不知福』，被關照還不高興，哪像我被當作『派大星』一樣，完全不被注意。」

女兒那些比檸檬還酸的話，讓我好氣又好笑，當她講到「派大星」時，還特別增加語氣。

兒子說如果當派大星可以免受「干擾」，他也想做派大星。

女兒有一次跟我說嘮叨跟母親是相等的，我說「誰喜歡嘮叨，這是很無奈的」，女兒說很多媽媽都說無奈，卻是「樂在其中」。

我說誰想把破壞形象的事，當作樂事在享受，女兒說妳們啊，在這過程妳們可以享受到做母親的虛榮及權威。

「虛榮及權威？」，我說用這樣得到未免太不光彩吧？女兒說光彩不光彩是妳想的，但很多母親就用「母親的特權」來行使她的「政令」。

我笑女兒電視看太多了，滿口政治經。她也笑著說，「因爲妳的政令是從電視來的。」

女兒的話讓我想到，有一次跟朋友在聊孩子的事時，朋友說她的女兒現在越來越「伶牙俐齒」，已經快辯不過她了。

我跟朋友說自己的處境也差不多，朋友說女兒有一回，故意錄下她們之間的對話，然後放出來給她聽。聽完，女兒做一個分析，她說：「我相同的字出現太多次，這樣會減少說服力，又說我的「提案」也重複過多，重複過多沒有新鮮感，讓人失去對提案的興趣」，所以女兒最後建議說，「要達到最經濟效益的方法，就是避免說同樣的話，講同樣的事」。

我對朋友說還好沒有聽錄音，但女兒說我「過度」用母親的特權，會讓特權失去它原有的意義，她的建議也是一樣，「不要濫用特權做相同的事」。

朋友說要讓母親不做相同的事很難，她說女兒起床不摺棉被，說了多少次，她依舊是我行我素。如果起床後就摺棉被，就不會被念，偏偏小孩就是不肯花幾分鐘的時間去完成，被念了又嫌人嘮叨。

我說女兒也是，如果不提醒她，她會忘記，提醒了又說我囉嗦。我們好像在互吐苦水，朋友頻頻感嘆說母親難爲。

朋友說她有時想罷工，不做家事，但又沒有那份狠勁，所以就只好用念的，念的效果不彰，結果是惡性循環。

朋友的罷工說，讓我想到加拿大那個「夠狠」的母親史提威爾，真的是厲害，她受夠女兒完全不做家事，於是決定用罷工來換取自己的權利，她開始跟女兒一樣不做任何家事，讓鍋碗瓢盆堆滿在水槽，也不清理廚餘，讓廚餘惡臭飄滿屋裡，這樣的「堅持」後，經過六天，三個女兒終於認輸，媽媽史提威爾宣布罷工成功。

我跟朋友說這位媽媽的「狠勁」，很想學但學不來，朋友說專家都建議說，如果孩子不整理，就不要去幫他整理。我也做了，結果是房間衣服愈堆愈多，東西越放越亂，最後還是自己幫小孩整理。朋友笑說自己不夠「堅持」，如果能「堅持」的話，就可以跟孩子打「持久戰」。

打「持久戰」要做到「眼不見爲淨」，我笑說以我們中國人受到的傳統思想，是很難做到的，孩子好像吃定我們一樣。

有一次兒子說我們這些父母，實在是應該檢討對孩子的「關愛」，不然做小孩的沒瘋，都要被父母逼瘋，他說我就是典型的例子，常常關愛過度變成嘮叨，特別是想安靜的時候，一直被逼問回答一些問題。

兒子的抱怨，女兒馬上附和，她說我常對她的同學做「身家調查」，兒子跟妹妹說這是「必要過程」。

我說做父母的都想知道，自己的孩子跟那些人交往，這是「防患未然」，難不成等到事情發生了才去關心，到時又說我們不關心孩子。

女兒說像我這樣的父母，絕對做不到不關心，就是擔心太過關心，變成一個負擔，她說我只要出門，那些小時候講得提醒話，到她現在要上高中了，還是一樣一個字都沒漏講。她笑我平常記憶力不好，對這些提醒的話，卻可以一字不漏的記的很清楚，實在是太難為我了。

我說部隊在演習或者行軍前，長官都會不厭其煩的把規則或該要做的步驟，一次一次的重複，難道那些軍人都不懂嗎？像跳傘部隊，跳完傘，降落傘也不能隨便摺，摺完還要做檢查，難道那些人不會摺嗎？就是怕萬一嘛，萬一發生狀況，在提醒後就比較知道如何應對。

女兒說我對台灣治安沒有信心，所以才有如此「擔憂」。

事實上，孩子面臨的問題，自己在年輕的時候也經歷過，也跟現在的孩子一樣抱怨甚至抗拒，年輕時總會告訴自己，將來長大一定要「理性」對待孩子。

然而當了父母之後，才明白做父母的心，年輕時候的話，好像早就拋到九霄雲外去了。

所有的父母幾乎都有一個共同的想法，就是怕「萬一」，爲避免「萬一」的發生，寧願被嫌嘮叨也不悔，還是勇往直前保護自己的孩子。

23 你了解孩子嗎？

帶孩子去看一個展覽，回程順道去東區走走，在我們經過一家名牌精品店時，兒子就告訴女兒說這是某精品，我聽完兒子對女兒的解釋後，當下很吃驚。在印象裡，兒子對這些都是沒興趣的，怎麼突然對這些名字都知道了。

我看著整天只有上課下課的兒子，心想他什麼時候有空去逛街？也想著他爲何會對這些商品熟悉？在心裡想著過程，敏感神經又犯了。這條神經開始挑逗我的擔心神經，心裡開始憂慮起兒子，他是不是學到什麼？

後來我們在一家百貨公司停下，我裝作輕鬆地問兒子，怎麼會知道這些精品名稱？

兒子好像不知道我在擔心，隨口說是班上的同學告訴他的。我想到很多好的學習是從同儕中學到的，但是也有很多不好的習慣也是從同儕中學到的。所以我問他，同學是不是有拿名牌去學校？兒子說怎麼可能，他們哪買得起。不過家裡都很有錢，所以家人會去買。

當知道兒子只是聽同學講時，我心情才放鬆下來。不過，我突然想到兒子買東西的習慣變了，因爲他買的東西漸漸不再是那些「名不見經傳」的品牌，而是「家喻戶曉」的東西了。記得自己還笑說他變得有「品味」了，現在想想，原來兒子在不知不覺中改變了，我卻完全不知。

看著兒子從稚嫩的臉慢慢地轉化爲大人的臉，突然覺得兒子跟我有距離了。

兒子確實跟我有一些距離，這距離是他不再是「每事必報」，而是常常讓我「驚訝連連」。

記得兒子初上高中時，第一學期還沒有結束，就接到學校的通知，通知上說兒子遲到達十九次，週記未交，該抽檢的英文簿也未交，林林總總加起來要記警告四次。

當我看完這通知單時，頓時心臟加速，全身緊繃。想到過去自己唸書，從來沒有讓家人接到任何通知，兒子竟然在第一學期就讓我接到，心裡真的是又急又氣。

而自己唸了幾十年的書，總和加起來的遲到次數也沒這多，他在短短不到一個學期就勝過我。

我看著通知單，緊張到腦筋空白。後來我打電話去學校問明白，也跟導師請教後心情才漸漸平和。

兒子回來後，我把通知單拿給他看，他竟然說班上有些同學，遲到的次數比他還要多。當下我的血壓上升，頓時間擔憂起來。我不知道兒子在學校學到什麼？

在我過去的學習觀唸裡，記警告是很嚴重的事，然而兒子竟然不當一回事。他回頭安慰我記警告不會怎樣，去做「公服」（公共服務）就可以抵銷掉了。當下我只有額頭三條線。

這是第一次也是開頭，後來每學期我都會接到學校的通知，這些通知單內容告訴我，兒子越來越進步了，遲到已從十九次降到五、六次，其他的也不再出現了。

收多了學校的通知書，我也變得有些麻木了，心情已不再像過去的起伏，現在變成是提醒他，要記得去做「公服」。

在被兒子的「連連驚訝」後，我猶如上了「震撼教育」課程，我不知道是自己跟不上社會的腳步呢？還是現代學生的價值觀已經改變？

上完震撼課，我發現自己對很多事情變得不那麼緊張，也開始「習以爲常」。當我視它爲正常後，我用不同的角度去看，我發覺讓孩子去做「公服」，未必不是一件好事，因爲這也是一種學習。

當我用不同角度看時，很多事情變成是一種日常生活瑣碎事後，才知道那就是孩子的成長，也是自己的成長。

看著兒子隨著年紀的增長，漸漸的改變，有時不知是該高興還是難過，這心情是複雜的，雖明知道隨著孩子的成長，孩子的改變會成正比的發展，但心裡還是會跟著孩子的改變而受影響。

有一次帶他跟女兒去看表演，兒子下車後問我們要不要騎「YouBike」過去，我說這要申請才可以，兒子說他已經申請了，我驚訝的問他怎麼會想申請，他說他現在上學就是騎「YouBike」去學校。

身爲母親的我，想到滿街是車子，全身毛孔開始豎了起來，就說這樣很危險，爲什麼不坐車？兒子看我一眼說「妳不知道有一條叫自行車專用道嗎？」

然而我想到路上都是大型交通工具，還是不放心，頻頻提醒他要注意安全，也規勸他還是坐公車好。兒子被我這一說，用很煩的口氣回我，「安全不是在讓妳知道後才要注意的，早知道就不告訴妳。」

在旁的女兒這時就加入話題，「妳就是愛窮緊張，窮操心，所以我們很多事都不想讓妳知道，免得被妳煩死。」

女兒的話，讓我不知道這時要回什麼……

記得小時候，我對姐姐小學同學的名字是如數家珍，現在，我對女兒的同學多少知道一些，但對兒子的同學卻是一知半解。

女兒從小學就常會有一些「麻吉」的同學來家裡，到國中後，又換了一批新的「麻吉」，這些「麻吉」也不定時會來家裡報到，所以多多少少了解一些。

但兒子不像女兒常會帶同學回家，兒子第一次帶同學回來是在國中時，他們要做科學報告，三、四個同學到家裡來，然後就窩在房間，做完報告後就回家。

第二次帶同學回家，是在某一學期結束。兒子帶幾個同學回家過夜，幾個年輕人自己在樓上，第二天睡到自然醒後就出去了，所以我對那些同學的印象不深。

兒子雖很少帶同學回家，但外務不少，常參加一些活動。我問他怎麼這麼多事，他都說是學校的事。問他跟誰，他說「說了妳也不知道」，我說「不知道才要問」，他就推說回來再告訴我。當回來問他時，有時會跟妳說，有時就懶得說。

有一次我去參加兒子的家長代表會議，席間我問旁邊的家長，他們的孩子平常會不會說學校的事？旁邊的家長一聽到我問，開始有不同的聲音。很多媽媽抱怨說兒子長大了，話變少了，漸漸好像有代溝的感覺。

我又問他們對孩子的同學了解多少？其中有一個媽媽說，「話都變少了，會知道多少？」這話讓很多媽媽包括我都產生共鳴。

後來我才知道，發生在我身上的事，並不是只有我一個人，很多媽媽都差不多。有個媽媽跟我們說，孩子現在話變少了，但起碼還願意跟我們出門，如果不願跟我們出門的時候，我們也管不著了。

這話確實讓我們很受用，兒子有一次跟我說，「他都幾歲了？我還像小孩子一樣問他，一樣照顧他，他不成媽寶才怪。」

兒子的話沒有錯，但做父母的對這些話都是聽聽，很少確實反省。因爲在父母親的眼中，孩子終究是孩子。

有一回看韓劇「無子無憂」，其中有一幕，母親問她三十幾歲的兒子：「晚上爲什麼外宿？」兒子說：「有事。」，母親又問：「睡哪裡？」，兒子說：「那是我的私生活。」這個母親就沒再問了。

孩子長大開始懂得「私人問題」，既然是「私人問題」那他們絕對不會跟父母說。

我想到兒子常對我說，「爲什麼要問這麼多？」我說「基於母親及監護人的責任，必須了解孩子的作息。」

兒子說「難道要每件事都知道嗎？」，我說「既然是監護，那當然是」，兒子說「如果我講假的對妳有意義嗎？」，我說「那無意義。」，兒子說「既然無意義，那爲何要知道這麼多？」我反問他「講無意義對你有好處嗎？」，兒子說「當然有意義，最起碼妳就不會太緊張太擔心了。」

我不再說了，我想到古人說的「報喜不報憂」，自己以前何嘗不是這樣，那知道多與知道少有差別嗎？重要是了解自己孩子嗎？

24 你跟孩子相處時間有多長？

兒子出門前，我總是會問他「要不要回家吃飯？」，以前這句話我不需要問，但現在變成出門前的附加語詞。

看著兒子離去的身影，不禁感嘆時間過得真快，就那麼一下子的時間，一個小娃兒變成高中生，如果再晃眼一下，我真的要開始靠他了。

兒子自從上了高二後，沒回家吃晚餐已經成爲家常便飯，回家吃飯反而變成我這老媽驚喜之事。雖然有些失落感，但看著兒子認真起來，心裡何嘗不也是一種高興。

爲這份欣喜，就跟朋友說，兒子懂得唸書了，前途有望了。朋友沒有替我高興反潑我冷水說，不要高興得太早，到時妳就像我一樣，每天獨坐在客廳，兩眼茫然的對著電視，然後不時回頭看時鐘，再計算孩子到家的時間。

我笑說我還有女兒，朋友說女兒只不過是晚一點，屆時走的路跟兒子一樣。我說這起碼是幾年後，朋友說幾年很快，妳想孩子都十幾歲了，十幾年就這樣在眼前消失，幾年又算什麼？

朋友的話，讓我不禁想到以前晚歸的是我，孩子是守在家裡等我的人，如今是我守在家裡等他的人，這中間的轉換真的很快。

有一次跟兒子說，我們愈來愈沒有機會講話了。兒子雙手一攤，很無奈的表情，我知道這是沒辦法的，誰叫他要考大學？

兒子的漸漸晚歸，讓我想到自己唸書的時候也是這樣子，最後離家在外租房子。當自己變成「老外」時，才知道家並不是自己想停就可以停，而是有年限的，跟家人的相處並不是想要就可以，而是要看有無這個緣份，一切與家的關係，突然不是那麼想當然爾的事了。

看著兒子從小男生變成青少年，女兒也隨之跟上。以前那個小可愛，如今變成小小姐，似乎也在轉瞬間完成。

當兒子不在時，女兒就成爲相依爲命的伴了，而我們的「美好時光」，就是兩個人邊吃飯邊看電視。這段時間完，女兒就開始去盡她學生的本分，回到她的房間讀書。

孩子越長大，與父母相處的時間想長一點都沒有辦法，看到兩個人各自有自己的生活，我想到廚房冰箱上貼著兩個人小時候的照片，似乎耳邊還聽到他們吵鬧的聲音。

我把這樣的心情跟同學說，同學說這是遲早的事。我說我知道是早晚都要面臨到的，只是現在還沒有辦法接受。

同學說我當初笑她適應力太弱，現在自己也是，我硬凹說我才開始，正在努力，同學後來想想對我說，真的是需要時間，她自己也花了很長時間去適應。

同學的孩子比我的大，孩子南下求學時，她常常有事沒事跟我聯絡，她說如果不這樣，她就會打電話給孩子，我是她的救援中心。

我這救援中心做了不知多久，自己都忘了。直到有一天突然沒電話時，我才知道我的任務解除。

記得以前有一個長輩說過，不要以爲孩子小，所以跟在身邊的時間很長，其實它是很快的，現在想到這句話，真的明白起來。

有一次跟女兒說，一旦長大了，跟父母相處的機會就變少了，女兒說也可以相處很長。這句話，讓我耳朵變靈光起來，我說有方法嗎？她說有啊，只要我做米蟲就可以相處很久，那妳要不要養米蟲？

我當下搖頭，我說那樣我們還是「聚少離多」好了。女兒笑我現實，我說這是幫妳。女兒說幫我不只這個方法，我說這較務實。

兒子也是，他說不知道自己會考上那邊的學校，如果離家遠就住校，我問他會不會想家？兒子沒有正面回答，只說都已經是大人了，何況現在交通這麼方便，想回家隨時都可以。

我告訴他，以前我也是這樣想，但念了大學後，發現不是這樣，要回家還真不容易。

兒子笑說怎麼可能？現在台北到高雄只要九十分鐘，我如果在南部，還可以回家吃中餐。

我說到時你的外務變多了，一下跟朋友去這，一下又跟女朋友約會，一下又是社團活動，搞不好你有打工，你的時間會變少了。

兒子沒有回應我的話，但他說即使是這樣，有空還是會回家。

兒子到時是不是常會回家，我不敢想，但聽到他說這句話，心裏就挺舒服。

我把兒子的「孝心」跟同學分享，同學說，聽聽就好，他兒子南下的時候，曾經留下這句話給她，害她高興到痛哭流涕，結果有了女朋友忘了娘。我說這很正常，難道妳要他一輩子只想妳一個人嗎？這未免太自私了。

同學說，那也不要太快，我心裏都還沒適應他搬出去，就給我這麼大的「打擊」。

我說震撼教育會讓人比較清醒，如果沒有強烈刺激，搞不好妳還自虐在那情境裏。

同學說，這樣說也是對的，這是早晚會發生，孩子長大了，就像脫韁的野馬，想到處奔馳，如果把他綁起來，對他也不是好的，還不如給他一片草原，讓他盡情奔跑。

我想到電影「逆光飛翔」一個母親的「捨」與「不捨」，不捨的話，那孩子未來的發展只剩一個按摩，所以即使「不捨」，還是要「捨」得放孩子離開，片中那母親告訴孩子，他的手應該是彈鋼琴的手，而不是按摩的手，所以她寧願他在外面磨練吃苦，也不要讓孩子埋沒自己的才華。

然而放手後，卻必須再看到孩子重新適應新環境及必須面對的窘境，她只能讓眼淚往肚子裏吞，假裝跟孩子一樣的堅強。

做父母的不知道孩子的未來會走那條路，所以電影中的母親選擇讓孩子堅強這一條路。

每個孩子的成長，都是母親辛辛苦苦帶大的，這種長期下來的關注很難說放就放，但孩子不是自己的財產，所以再不捨還是要放。

記得有一個朋友說過，孩子長大最大的成就，就是看到過往的自己。

想到兒子每天早出晚歸，就如當年的自己，爲了能考上大學，也是每天天未亮就出門，然後時鐘走了一圈多才回家，日復一日，最後終於考上大學，這是我們那時候的環境，所衍生出來的夢想，一旦上了大學，家與學校就成了選擇題，父母與同學也成了選擇題，如今這個選擇題是由孩子來填寫。

孩子長大了，行動自由了，同學說這是釋放責任的提醒，雖然要卸除任務，但做父母看著孩子每天爲未來做準備，除了是一種殷盼外，也是一種養大的成就感。

期盼孩子長大的成就感，只有當了父母才能體會到。看著孩子漸漸長大，與父母相處的時間也愈來愈少，雖有些失落，但那是孩子往自己的夢想踏去的路途，這夢想對孩子來說，是他人生的第一個目標，當然對父母來說，那是一種說不出的滋味。

我想到自己人生第一個階段，大學畢業的目想達到後，卻無法與父親共享，就覺得很遺憾。後來天真的想，父親既然無法在世時看到，那就夢中相見好了，結果父親十幾年不曾來到我夢裏。到了邁入二十年後，有一天竟然夢見父親，看到父親的剎那，我沒做任何的思考，只告訴父親我畢業了，然後父親就不見了。

無法與父親分享畢業的喜悅，對我來說那是無法言語的傷感，我不知道孩子未來的人生會發展成什麼樣子，我只希望彼此不要有所遺憾，畢竟逝去的時光不再回頭。

孩子未來的路，事實上自己不用想也知道，但做父母的總希望孩子與他人不同，這是所有父母對孩子的期待，也是一代一代的傳下去的願望。

跟孩子的相處時間減少是無法避免，也無法改變的事實，所以要如何改變自己，反而是未來最重要的課題。

雅典嚴選‧延伸閱讀

WHAT THE GREAT BOOKS YOU HAVE TO READ.

每日一句
日語懶人會話
（48開）

精選日本人最常使用的日語短句，
配合生動的情境會話，
一天一句，在不知不覺中累積日語會話力！

初學者
必學的韓語會話
（50開）

讓你踏出開口説韓語的第一步！
專為韓語初學者設計，收錄大量的會話、相關例句、基礎文法、句型、單字一應俱全。羅馬拼音輔助發音，最便利的攜帶方式。

OK! no problem
你一定要會的基礎對話
（50開）

史上超強‧英文基礎對話，英文學習在精不在多，只要掌握基礎對話，沒有學不會的英文、沒有接不了的話，人人都可以輕鬆開口飆英文！

雅典嚴選・延伸閱讀

WHAT THE GREAT BOOKS YOU HAVE TO READ.

菜英文

基礎實用篇

（25開）

沒有英文基礎發音就不能說英文嗎?別怕!
只要你會中文，一樣可以順口ㄌㄠˋ英文!

出國必備

日語旅遊書

（50開）

一冊在手，暢行無阻。
精選情境會話，網羅相關單字，小小一本，
讓您輕鬆遊日本!

韓語單字

萬用手冊

（48開）

*最實用的單字手冊
*生活單字迅速查詢
*輕鬆充實韓文詞彙

親情急診室：別讓你的孩子成為陌生人

雅致風靡　典藏文化

親愛的顧客您好，感謝您購買這本書。即日起，填寫讀者回函卡寄回至本公司，我們每月將抽出一百名回函讀者，寄出精美禮物並享有生日當月購書優惠！想知道更多更即時的消息，歡迎加入"永續圖書粉絲團"

您也可以選擇傳真、掃描或用本公司準備的免郵回函寄回，謝謝。

傳真電話：（02）8647-3660　　電子信箱：yungjiuh@ms45.hinet.net

姓名：	性別：□男　□女
出生日期：　年　月　日	電話：
學歷：	職業：
E-mail：	
地址：□□□	
從何處購買此書：	購買金額：　元

購買本書動機：□封面 □書名 □排版 □內容 □作者 □偶然衝動

你對本書的意見：
內容：□滿意□尚可□待改進　編輯：□滿意□尚可□待改進
封面：□滿意□尚可□待改進　定價：□滿意□尚可□待改進

其他建議：

剪下後傳真、掃描或寄回至「22103新北市汐止區大同路3段194號9樓之1雅典文化收」

您可以使用以下方式將回函寄回。

您的回覆，是我們進步的最大動力，謝謝。

① 使用本公司準備的免郵回函寄回。

② 傳真電話：（02）8647-3660

③ 掃描圖檔寄到電子信箱：

yungjiuh@ms45.hinet.net

沿此線對折後寄回，謝謝。

廣　告　回　信
基隆郵局登記證
基隆廣字第056號

221-03

雅典文化事業有限公司　收

新北市汐止區大同路三段194號9樓之1

雅致風靡　典藏文化